U0459094

CCTV 致富经 浙江省人力资源和社会保障厅 联合制作
创业中国
——浙江人物
冯克 主编
经济科学出版社
Economic Science Press

图书在版编目（CIP）数据

创业中国：浙江人物/冯克主编．—北京：经济科学出版社，2014.7

ISBN 978-7-5141-4866-4

Ⅰ.①创… Ⅱ.①冯… Ⅲ.①人物-先进事迹-浙江省-现代 Ⅳ.①K820.855

中国版本图书馆CIP数据核字（2014）第172098号

责任编辑：孙丽丽
责任校对：徐领弟
版式设计：齐 杰
责任印制：李 鹏

创 业 中 国
——浙江人物
冯 克 主编
经济科学出版社出版、发行 新华书店经销
社址：北京市海淀区阜成路甲28号 邮编：100142
总编部电话：010-88191217 发行部电话：010-88191522
网址：www.esp.com.cn
电子邮件：esp@esp.com.cn
天猫网店：经济科学出版社旗舰店
网址：http://jjkxcbs.tmall.com
北京季蜂印刷有限公司印装
787×1092 16开 12.25印张 200000字
2014年7月第1版 2014年7月第1次印刷
ISBN 978-7-5141-4866-4 定价：48.00元
（图书出现印装问题，本社负责调换。电话：010-88191502）
（版权所有 翻印必究）

致富经

《创业中国——浙江人物》

编委会

总策划： 傅玉祥　赵泽琨　彭小元　詹新华　林亚东　苑　荣　傅雪柳　汪小青

主　编： 冯　克

副主编： 许　威　陈润森　李松峰

编　辑： 刘　悦　张华君　张　丽　颜志宏　谭思晨　刘　杰　赵心悦　邓贻强　钱分平　武耀华　黄哲颖　李　杰　郭　佳　程诗雄　丛永玮　孙彦峰　杨　葳　王　浩　郭佳蓓　高　元

『序 I』

突破与超越

每次观看世界体育大赛，我们都会惊诧于新的世界纪录诞生。当记者追问这些运动员实现极限发挥的秘笈时，总会得到相近的答案：心理上突破自己与科学地超越别人。读完本书中所采写的创业典型的传奇故事之后，我深切地感到，创业者与运动员的答案非常类同。

邓小平同志“南方讲话”之后，越来越多的人怀揣梦想投身于创业大潮中。在涉农领域，以工促农、以城带乡为主要形式的创业者成为其中最活跃的部分。2003年底，全面改版的《致富经》栏目，瞄准了这一庞大的创业群体，着力展示和传播他们的创业经历和致富经验，让一个个鲜活而丰满的创业者走近每一位观众，鼓舞和带动更多的人坚定创业信心，实现创业梦想。

通过本书的阅读，我们会真切地触摸到坚守的价值。曾经有一本书说得过于极端——只有偏执狂才能生存。对本书所讲述的创业者而言，其表现在于自信坚韧，在于执着一念，突破自己，超越同行，不懈怠、不动摇。坚守的过程中诱惑与忍耐同在，机会与陷阱共存，孤独与掌声相伴；高度自律的坚守，是对梦想的无限渴望。这才有了他们起伏跌宕、精彩纷呈的创业人生故事。

通过本书的阅读，我们可以感受到“德”的力量。所谓经营无定法，德字行其间，经商赚钱不能昧良心、失德性。成功的创业者，无论在顺境还是逆境，都恪守着自己的做人底线，用长远的眼光对待自己的未来经营。在竞争中始终保持着高度的责任感，以自己的品德凝聚成品牌，并深深地印在目标客户群心里，才能最终实现持续发展。

通过本书的阅读，我们会发现创业的艰辛过程和成功结果都是同样快乐的。在创业之初，他们克服重重困难，承受巨大压力和风险，他们变得坚强、成熟，他们快乐着；经过努力和拼搏，创业获得成功，梦想变成现实，他们更快乐。登山者把登山时的苦与累当成一种乐趣，这是乘缆车者无法体会到的。创业不仅要经营自己，还要善于和别人合作，任何成功创业都需要你对人生有丰富积累，为了积累的付出应当是收获、是喜悦。

通过本书的阅读，我们可以清晰地感知到谋生与创业的关联与区别。在中国城乡阶层结构划分中，他们从谋生走向了经营，从坚守走向了创新。他们的工作不仅仅是创造财富，更是在创造价值，一些独具特色、颇有匠心的经营理念和创业经验，完全可以融入经典的高等学府教材；他们科学的变革使最本土的产品实现升级换代，灵动的管理让最混乱的头脑变得条理规范。令人羡慕的财富增长，已然昭示他们从创业者到企业家的不平凡历程。

作为观众，我们为拳击台上的拳手、电影里的英雄捏过无数把汗，随他们的命运起伏而心绪难平。感受人家的拼搏，同样会激发起自己的斗志。越来越多的人，已不再为吃饱、穿暖发愁，但也因失去压力，进而失去了主动追求梦想的渴望；太多的人在选择中常常做出了随时改变而非专一的决定，让时空虚度，人未有成。

《致富经》就是让成功的创业者靠你更近，让你感受他们的心跳与激情，在拼搏中去实现自己的价值，成就自己的梦想。

中央电视台编委
中国农业电影电视中心党委书记、主任 傅玉祥

『序Ⅱ』

分享创业的“传奇”

很多人把创业视为畏途，而央视七套《致富经》栏目就颠覆了这一宿论。我认为这个栏目展示的人物不在于对创业者本身故事的宣传，而在于推翻了很多人心理上的借口和障碍，给人以价值引导和创业精神启迪。“没本钱”，“没人脉”，“没项目”，“没技术”……让我怎么创业?《致富经》通过众多真实又有说服力的成功创业案例，生动地让很多看起来不可能完成的创业项目成为现实。

《创业中国》电视系列节目的内容，是《致富经》栏目联合全国各省级相关部门筛选出的创业英雄的创业经历及经验。这套书以此为基础，又全面补充采访，填补电视节目因时间限制而造成的遗漏，内容更加详实，细节更加生动，让那些觉得创业有地域差异的人，彻底没有了退路。一切发生在身边的改变，才是最有力的例证。

曾经在春节晚会上看到调侃《艺术人生》栏目的小品，总结这个节目的规律为：“套近乎，忆童年，拿照片，把情煽。”言外之意，这些优秀人经历都是一样的，平庸的人则各有不同。创业就是把自己喜欢的东西做到极致，并得到最大多数人的认可接受。这里的规律是首先自己喜欢，其次是做到极致，最后是大家接受。每一步都不容易。这也就是大家喜欢《致富经》的原因——成功的创业者都有传奇的人生经历。一些主人公在我们看来，甚至有被打入地狱不得翻身的感觉，但最终他们都得以峰回路转，赢得辉煌。

越来越多的传奇，就意味着事件的普遍。《致富经》就是要告诉你，创造令人羡慕的财富，你也能!

中国最普通的老百姓，几乎零起步，无资金、无人脉、无技术、无文化，甚至无劳力，凭借他们无路可退的韧劲，合理利用国家政策，为自己赢得了财富；同时，一些“合作社”、“协会”、“股份公司”等组织的建立，又表明他们在带动更多的人走向富裕；中国作为一个农业大国，拥有无尽的资源与最有力的国家扶持。于己，于家，于人，于国，这种强大的外部驱动力，会让更多的人投身创业，推动创业，从而实现整个国家经济结构的调整。

看着这部书稿，我有一种和创业者当面交流的感觉。阅读别人的人生，比照自己的境况，会获得更大的心理支持。人生而不同，但追求改变的愿望是一致的。细品每一位创业者的故事，都能看出他们发自内心、毫无保留的经验分享：经营管理、营销知识、技术传授……财富在累积，本性依然纯朴。因为他们深知每一位想投身创业的人的今天，就是他们刚刚走过的昨天。每个人都向往更加光辉的明天。

把《创业中国》系列节目内容转化为书出版，让这些优秀创业者的经营故事与更多的人分享，为此我感到由衷的欣慰。将电视节目做成纸质平面传播，加入更加详细的补充采访，这就是一部能留存下来的记录在“城乡统筹”政策背景下的中国创业历史。作为历史的记录者和见证者，《致富经》在倡导创业行动与激发大众创业精神方面，值得肯定。

中国农业电影电视中心总编辑 赵泽琨

『写在前面』

这是一本什么样的书

如果您也想创业，但是还没有行动起来；或者您已经有了一份事业，还想再找个新的项目，您最好看看这套丛书，应该能给您一些启发、借鉴，或者引发您的思考。

这是一套讲述当下中国草根创业者真实创业故事的系列丛书。书中的创业者都根植于基层，艰苦奋斗，充分挖掘自身潜能，成功创业。他们创造了时代的需求，是这个时代当之无愧的创业榜样。

这套丛书源于大型电视系列节目《创业中国》。该节目从各省市创业活跃地区的百姓创业典型中，由摄制组与合作部门精心遴选创业人物，分省市集中拍摄报道。策划这个系列节目的目的是为了弘扬创业精神、分享创业智慧、激发创业活力，带动更多的人创业。

我们在遴选这些创业人物的时候，一个重要的标准就是他一定要有典型性，必须是百姓身边当之无愧的创业明星。每次遴选，我们一般都要实地走访50位到100位当地推荐的优秀创业者，然后与省级相关部门共同确定采访报道对象。

这套丛书的内容远比电视节目更丰富。《致富经》每期节目的制作周期为一个月，记者跟踪创业人物采访需要10天左右，拍摄近20个小时的视频素材，最后剪辑成25分钟的电视节目。采访到的大量素材没能用上。这套丛书除了将所有采访素材进行编辑整理之外，为了进一步丰富本书内容，编者还对创业人物进行了二次采访。

您可能看到，这些创业人物大部分从事的是涉农项目，或出身农村，这和台里规定的《致富经》栏目的内容定位有关。现在是统筹城乡发展的新时代，城乡之间的人流、物流、资金流从未像今天这样活跃。城乡之间的很多创业项目关联度很高，让他们的创业经验非常值得参考。

党的十八大报告指出，要“促进工业化、信息化、城镇化、农业现代化同步发展”，这已经成为建设小康社会的载体，其中的城镇化与农业现代化相辅相成，这里面蕴藏着无限商机。

别人的创业项目不可以照搬，但别人的致富经验一定要参考！这些创业典型的基本特征是：出身草根、起点较低，行动力强，执着于梦想，不怕失败，勇于坚持，善于在失败中吸取教训，擅长在日常生活中发现商机。他们身上表现出的百折不挠、勇于创新、与时俱进、成就梦想的奋斗精神，正是我们这个时代需要的优秀品质。

创业就是创造价值，创业是一种生活方式。开卷有益，衷心地希望本书对您有用。

中央电视台《致富经》栏目制片人 冯 克

目录

创业中国

赔钱赚财富

凌晨3点钟，当杭州市大部分人还处于沉睡中时，朱约瑟的配送中心早已灯火通明。这是他一天中最忙的时候。因为早上6点左右，杭州市上百个单位食堂都等着朱约瑟配送的蔬菜开工。

在杭州，朱约瑟绝对是位“牛人”，他最喜欢做别人见了唯恐避之不及的“赔本生意”。当地农民都说，投资建蔬菜基地后，他会“开着轿车进来，拉着板车出去”。然而，就是这样一个看似傻乎乎的商人，如今却成了杭州市民的“菜篮子”。3年时间就把普通蔬菜从100万元做到了9000多万元的年销售额，并且每年还在翻倍增长。

大家都很佩服朱约瑟财富累积的速度。有人说他是行业里冒出来的一匹黑马，有人说他是插队生，企业规模不大，经营时间不长，但在看似赔钱的买卖中，他却能做出赚钱的结果来。在水产生意、农贸市场和蔬菜行业，他都屡试不爽。那么，朱约瑟在众人都认为是赔钱的生意里，怎样赚足财富的呢？

何宁宁　刘杰　文/图

接手“烂摊子”，赚到 200 万

“当时农贸市场生意很冷，破破烂烂几个摊，菜农提几个篮子放在那里就开始卖了。他来整改以后就规范了，卫生也好了，老百姓感觉好了，人气就旺了。他这个人做事情比较超前，有的人只会想不去做。他想到了马上做，就变成现实，并产生效益。当时市场上基本是农民土地里的菜，肉、鱼副食品这块是一个缺口。他就开办了一个超市。这样人气就更旺了。”

——杭州市萧山区宁围镇盈丰村村支书翁小勇

朱约瑟是杭州市萧山区人，高中毕业后就开始自己打拼，做过木工，批发过水产。1997 年，他水产生意做得正红火，有时一天就能赚好几千元，一年净利润有 50 多万元。然而第二年，老家的村支书打来一个电话，朱约瑟毅然放弃赚钱的水产生意，回家接手了一个别人见了唯恐避之不及的烂摊子——承包农贸市场。

原来当地有一个农贸市场，生意非常冷清，破破烂烂几个摊，老百姓几个篮子提过来放那里就开始卖。后来虽然经过整改，有了一些摊主，但人气还是不行。每年仅承包费就要 30 万元，一旦有摊位闲置，承包人势必亏本。村委会对此比较头痛，特别希望朱约瑟回来把这个即将垮掉的农贸市场救活。

朱约瑟到现在都还记得，老支书找他在办公室面谈经营农贸市场的情景。因为老支书在他那里买过几样东西，和他接触以后，觉得他是个人才，尤其在市场经营方面有一定的理念。而当时村里正好缺人才，老支书就想把他聘回来。老支书告诉朱约瑟：“村里想请你回来，把我们的市场管好。”朱约瑟听后直说：“村里的事不要说请我，我是本村人，叫我回来我肯定回来。”但此时，他已经有做得红火的水产生意，而如果承包市场，管理费和摊位费一清二楚，最多也就赚 10 来万，远不如自己做水产。但他很快明白账不是这样算的。管理市场，肯定会方便自己做事，去做其他更好的生意。如果单单管理市场，绝对没做下去的价值。他要来做，肯定一边管理市场，一边还得做其他经营。

朱约瑟应承了下来。一上任，他就发现市场长达30米的卖菜长条摊位影响生意，很多人在头上买了菜，就不到里面去了。这就导致前面摊位生意好，后面摊位生意不好。而生意一旦不好，经营户肯定走人。卖菜的都走了，摊位费就没有了，管理费也自然交不起来，买菜的人相应地越来越少，由此形成了恶性循环。

朱约瑟意识到农贸市场的致命性问题，他认为市场布置经营要掌握一个窍门，就是摊位要均匀，让每一个摊位都尽量做到当道。很快，他做了几个通道，把长条摊位切成了豆腐块，让每个摊位都显得又正规又好看，哪条路都能走得通，四通八达，让所有的摊位都变成了好摊位。经过朱约瑟的改造，原本市场的摊位只有二三十个，现在变成了100多个。为规范市场，朱约瑟虽没对市场菜价做过明确规定，但他只告知经营户，价格只能便宜，不能太贵，“早上一个价格，中午卖完了也是这个价，只能往下，不能往上”。这就让消费者增加了对市场的信任度，在市场买菜不会乱坑人。很短的时间里，农贸市场内经营户越来越多，市场也彻底活起来了，甚至连空地都被利用了起来。但一年经营下来，朱约瑟核算了一下，承包纯利润最多15万元。他到底图的是什么呢？

承包没意义，农贸市场赚不了多少钱。但承包市场后，承载量就多了，人流量也大了，再加上周围有5万多户居民，自己一边管理市场，一边可以做其他经营。那干什么呢？他发现，农贸市场都卖菜，肉、鱼副食品这块是一个缺口，如果开家超市，丰富农副产品市场，生意肯定差不了。开超市，吸引顾客不说，也提升了农贸市场，人气会更旺，更能把钱挣回来。农贸市场不赚钱，但超市赚钱，两块加起来，自己还是赚钱的。

1998年底，朱约瑟在农贸市场边把超市开起来了。果然，他的超市开张后生意火爆异常。人们开始夸赞他，“这个人做事情比较超前，比较有想法。有的人有想法只会想不去做，他想了以后就去做，就变成了现实，也就产生了效益。”当时超市在城里还是比较新鲜时尚的玩意，在这里更是只此一家。每天很多人朝超市涌来，都觉得超市模式新颖，价格便宜不说，东西还可以随便选，要什么拿什么，出门再付钱。

朱约瑟很清楚，当初如果自己没有承包农贸市场，做看似亏本的生意，就不会有机会开超市，自己也赚不了多少钱。他坚信他的理念是对的，“赚钱不是一对一，有一方面可能会失去，但失去了一点小头，更大的钱要赚进来了”。之后，朱约瑟乘胜追击，在周边乡镇如法炮制。一年下来，他拥有了3家农贸市场和3家超市，净赚了200多万元。

蔬菜基地里的财富计划

“我们当时来这里租地，每亩500元，人家已经租了二三十年了，不肯转租给我们。他们种水稻，一亩也赚不了500元钱，我就再加500元。他什么都不做，每亩也能拿到500元钱，做了可能还赚不到500元钱。这样土地我就租下来了。”

2007年，朱约瑟在农贸市场发现了一个有意思的现象。经营户越来越多，而把自己种的菜拿来卖的老百姓却越来越少，吃菜的人反而更多了。而且他也发现，来逛农贸市场的人中几乎没有年轻人，年轻人是未来的消费主力，现在他们都用电脑上网，若在网络上可以买到菜，那需求量一定很大。把农贸市场搬上网，朱约瑟觉得其中必有商机。而他闲不住的性格，让他觉得每天除了管市场，就是管超市，很无聊。再经过分析，他发现菜经过几道贩子贩卖，种菜的人没赚什么钱，钱都被菜贩子赚走了。如果自己做承包大户，自己种地，直接售卖，不经过菜贩子销售，那自己也肯定赚钱。

因为想把农贸市场搬上网，想自己种地直接销售，朱约瑟开始盘算着自己种地。作为一个从来没种过地的人，他说出了自己的想法，很多人都笑他：“你去种地？你去种地能种得好吗？”

2007年11月，在萧山区宁围镇新安村，朱约瑟走出了令大家惊讶的一步。由于他看好的地，对方已经租了二三十年了，加上土地紧张，对方不肯出租。那些地只是用来种水稻，每亩一年租金500元。朱约瑟眼看对方不租地，而种菜的季节马上就要到了。无奈之下，他只能在每亩500元的基础上再增加500元，以1000元一亩地的价格租了下来。而且一租就是103亩，时间为10年。当地很多农户不理解，本来种地赚不了什么钱，朱约瑟还花这么高的价承包这么大面积的地，能有钱赚么？朱约瑟知道农户们不理解，因为他们不知道种菜的利润比水稻高。

在杭州萧山，蔬菜的种植能力特别强。大的公司有几千亩地，有的二三十年都在种菜，自己100多亩的土地，如果按面积排起队来，根本排不上号。但是他信心很足，有自己的经营计划。他希望做这件事情，能够带动一片，把别人的产品跟自己的产品衔接起来。

为了赶上大棚蔬菜的种植时间，朱约瑟快马加鞭地建大棚，几乎每天都在基地。不到一个月时间，一栋两层的办公楼建好了。朱约瑟把办公室、自己的房间全部弄好，还专门联系电信部门，安了21根电杆，把光纤和电话装好。按朱约瑟的计划，他是想把菜种出来在自己超市和市场卖的同时，还要进行网络销售。他又花了五六十万元，搭起了60个钢管大棚。搭蔬菜大棚干嘛？他的初步计划是做反季节蔬菜，但具体种什么菜，什么品种，他也没有底。但他知道，要做反季节大棚，不抓紧时间建，等到知道种什么了才开始建，就会错过一年的机会，效益也没了。

朱约瑟一系列花大钱的行为让当地人看不明白，很多人说他“现在小车开进来，3年以后板车拉回家”。他很能理解别人的担心，因为蔬菜种植投入成本大，效益好就有得赚，但赚不到钱的占大多数。

很多亲戚朋友都对朱约瑟种地持反对态度，大家一致觉得他超市开得好好的，安安稳稳赚钱就行，干嘛还去做赔钱买卖，“这么远的路车子开来开去，油钱都不够，种地肯定亏”。但朱约瑟认定了的事，他就一定要做。

为了给基地做宣传，朱约瑟邀请来镇里和村里的领导举办了基地启动仪式。种菜也搞启动仪式，这在当时还是先例。而且这启动仪式，还是在他60个大棚里啥也没种的情况下举办的。他之所以那么急着办基地启动仪式，是想让大家知道他打定了主意去种菜，既起到了宣传作用，还能让农业局或农办给自己一些指导，得到更多的帮助。

不寻常的反季节销售模式

“大家都种反季节蔬菜，都是塑料大棚。我们种的反季节蔬菜要错位，比如说人家几号上市，我提前个15天或10天上市，价格就好了。

因为每种菜品少又好，价格肯定是贵的。如果我提前做不到，他们大部分上市的时候，我往后面推半个月或10来天，价格也会好了。”

基地建好了，前期宣传也做了，周围的村民都在等着看朱约瑟怎么种菜赚钱。可是，不出一个月，他就让周围的人对他彻底失去了信心。

很多人问他：“约瑟，你在这里种什么东西？”种什么？连他自己都不知道，反季节蔬菜老早就有人在做，自己再种反季节蔬菜能赚钱么？自己的财富计划如何实现？

朱约瑟心里清楚，自己的基地只有103亩，还是花了2倍价钱才租下来的。这么小的面积，根本无法与杭州萧山当地的大农业公司抗衡。弄不好的话，真的是汽车进来，板车出去。

为了找到适合自己的蔬菜品种，朱约瑟去考察其他人的蔬菜大棚。走了一圈下来，朱约瑟有了自己的主意，他想种跟别人不一样的东西。“如果跟人家一样，我面积太小，没意义。”“不喜欢跟在人家屁股后面走，人家喜欢怎么走，我看看人家走的，我绝对不会做同样的事情。人家怎么做，我从他们的基础上摸索一下，得出一个结论，把巧劲用好，就能把事情做好。”原来，朱约瑟一直在琢磨着把巧劲做到位。2007年年底，朱约瑟在大棚内种上了最普通的蔬菜。

按朱约瑟的计划，所谓的错位就是“人家卖完了，我来卖；人家没有卖，我先卖。要么提前，要么退后”。比如说别人几号上市，他提前15天或10天上市，价格会比较好。因为这时菜少，价格肯定贵。若提前做不到，在别人大量上市时，他往后面推，推半个月或10来天，价格又会很好。

朱约瑟看到与大家同一季节上市时赚不到钱，相反“大家有的时候，我有少量，大家没有的时候，我有好多，一定会赚到钱”。就拿错位上市的毛豆来说，比别人提前了15天上市，卖出的价格是12元一斤，可人棚毛豆大规模上市的时候才四五元一斤，本地毛豆上市时才一两元一斤。

很快，朱约瑟请来了农科院专家，帮他解决了错位上市的技术难题。但是，60个大棚的蔬菜，直到要上市前的一个月，也没找到超市销售。眼看还有一个多月，蔬菜就要上市了，朱约瑟却依旧不慌不忙，把注意力放在了一种不赚钱的芽苗菜上。

朱约瑟对每一种蔬菜都充满感情。

巡检商超市场，对朱约瑟来说是大事。

亏本“摩登菜”敲开超市大门

“我一开始考虑怎么种菜，到后来又想种出来怎么办。我们的销售量不是很大，把菜直接送到超市去，肯定是挤不进去的。我想用什么办法让他们主动来找我。后来我在网上看到北京做一种芽苗菜。因为我们这没有，我想用这种新颖的蔬菜品种，吸引各大超市。”

芽苗菜是一种栽培在盆内的新型蔬菜，购买时需要连根买，烧菜时割下来就可以马上烧。很新鲜，而且还可以生吃。芽苗菜每盆8元，虽价格不贵，但运输成本高，一车运不了多少盆，而且芽苗菜卖出去，3元一个的托盘很难回收，再加上人力成本，芽苗菜挣不了钱。朱约瑟明知芽苗菜不挣钱，却还着了魔似的大规模培育，对60个大棚的菜不管不顾，他究竟在打什么牌？

很多人都为朱约瑟的做法感到着急，主管芽苗菜生产销售的员工吕亚红老觉得心里没底，不知道老板在想什么。而儿子朱峰峰更是强烈反对父亲的做法，在他看来做芽苗菜没利润不说，甚至还会亏本。可朱约瑟自己却不这么看。

原来，为了实现自己让农贸市场上网的财富梦想，朱约瑟有一个循序渐进的营销计划。进超市，就是他要走的第一步，“我进超市，不是长久性的进超市，只是一个过渡。到超市有两个目的，一是确确实实卖不出去，种出来自己卖，来不及；还有一个就是让超市给我做宣传，打品牌。这样老百姓就能看到，我生产的产品在超市里面有，能更好地直接销售到家里与社区。”进超市好处固然很多，但进入超市谈何容易？朱约瑟想来想去决定种芽苗菜，因为芽苗菜比较新奇，能抓人眼球。所以，尽管芽苗菜不赚钱，运输成本很高，但他还是大量种植。

在别人为他的做法急得像热锅上的蚂蚁时，朱约瑟不动声色地带着自己的芽苗菜去参加了杭州的农博会。

农博会上，朱约瑟的芽苗菜大出风头。“刚拿进去就吸引很多顾客来问这是什么，因为他们从来没看见过”，而后还吸引了省委书记及市里好几位领导的眼球，他们在朱约瑟的摊位前驻足了很长时间。记者、超市采购员等也闻风而至。一时之间，朱约瑟的芽苗菜成了抢手货，还上了电视、报纸。

没过几天，浙江省最大超市的采购员张崇艺来到了朱约瑟的基地，想买芽苗菜。超市主动上门了，朱约瑟却一点都不热情。

尽管朱约瑟内心很想和采购员商谈，但理智告诉他，要想实现最终的目的，只能按兵不动。虽然没有与朱约瑟达成共识，但张崇艺认定了芽苗菜，一心想要引进超市进行销售。因为芽苗菜在当时的市场上找不到，“同类型的超市很多，主要是看谁的眼光准。作为采购来说，我认为这种产品很有新意。”

接连几天，张崇艺来了两次。可是，朱约瑟依旧按兵不动，他到底在想什么？

原来，张崇艺几次来都只想销售朱约瑟的芽苗菜，对他 60 个大棚的其他菜兴趣不大。但朱约瑟想以芽苗菜作敲门砖，吸引超市帮他销售 60 个大棚所有的蔬菜。若他主动和张崇艺商谈，话语权就握在对方手里，为了掌握谈判的主动权，当他们第三次见面时，朱约瑟依然明确地回绝了张崇艺。

之后，张崇艺与超市经理对朱约瑟的基地进行了一番考察。“我们看了他的基地，他的蔬菜品种还是比较多，比如说，黄瓜、西红柿，还有长瓜、茄子，我们对这 4 个单品的需求量很大，就跟他谈妥，说我们引入芽苗菜，这些常规的菜我们也帮你销，你每天配一车过来。”

这一下，朱约瑟基地 60 个大棚所有的蔬菜成功地进入当地 180 多个超市的大门。反季节错位上市的蔬菜，价位不仅高而且稳定，让朱约瑟足足赚了 100 万元，这让同行都很惊讶。

忙不过来的配送中心

“我现在找领导办事情，不管领导大小，宁愿自己跑一个空，从来不打电话。因为电话里说一件事情，不能把这件事情聊开。面对面，聊着聊着，可能正好领导又有新的事情也想跟你说。”

在同行都艳羡朱约瑟能打进浙江最大的超市进行蔬菜销售时，他那颗不想被别人控制的心又开始跃跃欲试了。

在与超市合作了一年半以后，朱约瑟提出了退出超市的想法。因为他一直明白，自己进超市的目的，就是为了“学东西，学经营模式，学怎样提升，怎样把效益最大化”。这段时间的合作，渐渐让他发现自己受制于人。虽然在超市销售能赚钱，但经营的主动权不在自己手上，“今天卖什么价钱？明天卖什么价钱？今天要多少量？都控制在别人手上”。

做生意被别人控制，不是朱约瑟的一贯性格。“如果人家牵着我鼻子走，那这个事情我不愿意做，哪怕挣再多钱。若换一个思路，我的钱可能赚得更多。”

与超市结束合作后，朱约瑟的菜又销到哪儿去了呢？

原来还在与超市合作时，朱约瑟就开始一步步进行着自己的未来计划。进超市的第一步计划完成后，他的第二步就是业务重心的转移，对中高档及一般食堂进行蔬菜分类配送。

此时，恰巧遇到教育局下达学生食堂进行统一招标的指令。招标启事在网上一挂出，立刻引起了朱约瑟的注意，他意识到“总共 22 万多名学生，这是一种规模化的销售机会”，而且自己所有的硬件设施、基地、配送中心全部具备，他对此充满了信心。

最后招标结果让朱约瑟如愿以偿。标是中了，但问题又来了——所有服务的学校需要自己去找，因为自己在教育系统没有任何熟人，怎么办？

在知道自己中标结果后，朱约瑟做的第一件事就是给学校中心主任、校长发邀请函，邀请他们来他的蔬菜基地进行体验。在邀请函上，朱约瑟对自己的公司做了详尽的介绍，公司有多少车辆，多少配送中心、冷库、检测室等。他是如何获取学校地址及联系方式的呢？经过多方努力，他在一个学校的某个领导那里找到一本电话号码簿。电话簿拿回公司，朱约瑟马上安排员工按乡镇、学校、姓名、电话号码等统一格式对号码进行整理。最后，他们整理出 400 个号码，做了 400 份邀请函，并亲自送到每一位邀请对象那里。

“我们亲自把邀请函送过去，他至少要看一眼，了解一下，这是好事。我找领导办事，不管领导大小，我宁愿自己跑一个空，从来不打电话。人和人之间见面了，最起码有一个说话的机会。办事情不要打电话，直接上，跑个空就跑个空，你不跑空，实际的效率更加好。”直到现在，朱约瑟对员工甚至儿子还要求“能亲自上门的，不打电话”。

通过一系列的努力，有40多名学校领导到他的基地及配送中心进行实地参观考察，而他也积极地把推进保障师生食品安全这一课题作为重点来进行讲解，最终他们拿下了47所学校食堂的蔬菜配送权。

朱约瑟之所以会急着想把学校领导请到自己的基地来，一是因为当时即将面临开学，如果一家家学校去跑，时间上肯定来不及；再者，“耳听为虚，眼见为实”。他的配送中心怎么样？基地怎么样？有没有能力送？只有真正看到，才更有说服力。

拿到47所学校食堂的配送权让其他同时中标的企业傻了眼。因为一些企业没有主动出击，一所学校食堂都没签到。他们以为中标后，教育局会对食堂进行相关分配。其实，一切还是靠企业自己，正如朱约瑟自己所说：“如果我们没有一家一家跑，我们也做不了。做每一件事情都要有一个巧，每一件事情想法一定要超前。”

蔬菜基地里的特别婚礼

“我的一个客人到基地来，他说这个地方环境蛮好。我马上想到，正好在下面建冷库，冷库上面全是空的，能不能把儿子的结婚典礼办到这边来。这件事情我们家里争论了好几天。结婚在人生当中只有一次，办酒席这么隆重的事情，怎么可能办到基地里来。我跟大家说，第一办到基地有很大的新闻作用，第二凡是到基地吃饭的，肯定印象深刻。四星、五星级酒店有的是，吃完饭，连是谁家孩子结婚都忘记了。事情就这样定了。”

2009年，朱约瑟成立公司，他要把自己的经营经验和儿子玩电脑的爱好结合起来做一个生意。为了这个生意，朱约瑟把儿子的婚礼放在了蔬菜基地。

之所以把儿子的婚礼放在蔬菜基地，还是一次机缘巧合。一次，朱约瑟的一个客人到基地参观，说基地环境还不错，适合办酒席。朱约瑟一听，正好自己要在基地下面建冷库，冷库上面都是空的，用来办酒席确实不错。之后家里开会商量儿子婚事，朱约瑟提出了把婚礼办在蔬菜基地的想法，家人都有些不理解，婚礼那么隆重，怎么能办到基地呢？朱约瑟却说：“第一，在基地办婚礼有很好的新闻作用，第二，婚礼在五星级、四星级酒店举行的有的是，但我们去吃饭后，是谁家孩子结婚都忘记了。基地不一样，凡是到基地去吃过饭的，肯定不会忘。”儿子听后也觉得父亲的话在理，最终达成了共识。而婚礼的日子，他们也选在了蔬菜长势比较好的季节，在当地时令蔬菜上市之前。

2009 年 5 月 2 日，在朱约瑟蔬菜基地里的番茄、茄子、黄瓜长势及口感最好的时候，别开生面的蔬菜基地婚礼举行了。

因为蔬菜基地在杭州郊区，到城区有四五十分钟的车程。为了安全起见，朱约瑟特别安排了 8 个大巴车、4 个中巴车分 7 个接送点接送六七百位亲戚朋友。朱约瑟安排了 63 桌酒席，但没想到实际到的人超过了他的预计。其中有 20 几桌，竟然加座到了 11 个人的位置。一些人连他自己都不认识，后来他才知道是亲戚朋友听说在蔬菜基地办婚礼，就把自己的朋友也带来了。

为了答谢亲友，朱约瑟安排 20 多个员工到大棚里采摘蔬菜，采好后统一放在路口。并准备了塑料袋、纸箱，待宾客吃完饭后自己挑喜欢的菜带回家。令他没想到的是，员工采好的 4000 多斤排成了 300 多米长的新鲜蔬菜龙，很快就被一抢而空。有些亲友酒席才吃到一半，“怕别人拿光，就直接跑出去拿了，吃饭的心思都没有了”。一些没拿到菜的亲友，最后干脆自己去基地采。因为一些人不懂怎么采，把菜根都拔起来了。几个朋友对朱约瑟说：“你这样做损失很大。”但朱约瑟不这么看，他说：“眼前看有损失，但这个宣传效益相当好，以后大家就都知道了。”

果不其然，当亲友把基地采的蔬菜拿回去品尝了以后，一些人经常打电话给朱约瑟，询问某种菜有没有，因为他们觉得“这个菜吃起来感觉不一样”。

为什么不一样？朱约瑟道出了缘由：“主要是太新鲜了。一般市场上的菜，如果从基地出来做流通，今天采下来的蔬菜，第二天才到总批发市场，后来再到二级批发市场，再到农贸市场，吃起来肯定没有这么新鲜。”

儿子的婚礼成功地给朱约瑟的蔬菜做了一次推广，也让他开始考虑做蔬菜的直供直销，但这些并不是朱约瑟最终的目的。他的最终目的是想让儿子对蔬菜产生兴趣，并参与到自己的蔬菜事业中来，和自己一起做一件在杭州蔬菜行业还没人做过的事情。朱约瑟认为，这个事情可以让自己近几年不仅实现千万财富，还能财富翻番。儿子看到大家对绿色蔬菜的喜好，也下定决心跟随父亲。

赔钱赚吆喝的“蔬菜直通车”

“因为每个人都有一个想法，有想法就会去实现。如果想都不去想，更谈不上去做了。只要有想法就要去做。我这个人想法很多。有了想法，还要有目标，即使过程中稍微打个擦边球，也挺好，只要你总的方向不要偏。”

2010年初，朱约瑟向杭州市贸易局提出申请，要在杭州市区做蔬菜直通车，开进社区平价卖菜。这个事情，一经上报，立即得到贸易局的肯定。但是，又出现了新的难题。

根据杭州市的交通规范要求，此类运输车辆在杭州市是不能通行的。如果直通车无法在路上通行，那蔬菜直通车就只是空谈，朱约瑟心急如焚。几天后，朱约瑟做出了一件让人意想不到的事情。他把蔬菜直通车的计划写成信，寄给了杭州市市长邵占维。连他自己都没想到，短短几天时间后就得到了邵市长的批复，交通部门对直通车特别开了绿灯。杭州市贸易局孙继群分析：“从市委市政府这个角度来说，菜篮子直通车也是利农惠民的一件好事。”

2012年初，朱约瑟获得了做直通车的资格，每辆20万元成本的直通车，他一下就配齐了22辆车，开进了社区。为保证蔬菜的新鲜度，朱约瑟要求从12点到基地开始上班，对货品进行整理，到凌晨4点所有与直通车相关的单位上班，之后各个驾驶员把自己当天运送的货整理好放上车，进行统一验货，一般在早上6：30～7：00就要到达社区。

但是，让儿子没有想到的是，父亲费足力气争取下来的直通车，不仅不赚钱，每进一趟社区还要亏200多元。

“直通车是不赚钱的，因为我们的蔬菜去掉了中间环节，直接让利给老百姓，价格比农贸市场至少便宜10%～15%，再加上车辆磨损，驾驶员与营业员的工资，蔬菜成本，汽油费，较远的路程等，肯定不赚钱。”朱约瑟十分清楚直通车不赚钱，但他为什么那么执着地一心想把直通车做起来呢？

儿子朱峰峰对此很不理解：“算了一下，感觉像是亏了，我想把这个项目取消掉，跟他也讲了很久。”不仅儿子不理解，其他跟着朱约瑟做蔬菜直通车的同行，在饱尝亏本之苦后，也终于忍受不了撤出了。

本来，在朱约瑟开始做直通车进社区几天后，有不少同行见购买的居民很多，社会反响很不错，认为其中有利可图，相继加入进来。但做了一段时间后，他们发现“理想很丰满，现实很骨感”。一次开会，一家企业更在会上直言：“你们直通车这样子做，到年底要亏一两百万元。”面对直通车的亏损局面，这时的朱约瑟不但不退，反而增加了直通车进社区的次数，而且他的配送车辆，也从之前的22辆增加到28辆，还有几辆面包车。不仅车辆数量增加了，货品的品种也更加丰富了，不仅有几十个品种的蔬菜，还有豆制品、干货等共有100多个品种，如果社区有需要，他们还带油盐酱醋米。

朱约瑟不仅做了一系列加大直通车投入的工作，还要求员工卖菜时能便宜

工作之外，朱约瑟有自己的爱好。

在蔬菜基地，朱约瑟总能找到乐趣。

就便宜。为了达到这个目的，他不仅在车上安装了电子显示屏，实时显示菜价，还要求员工在卖菜时，允许消费者讨价还价，同时，他还在卖菜的秤上也做足了功课。

记者采访时，朱约瑟得意地给我们展示了他的研究成果："我们的电子秤是全国没有的，可以控制最高限价的。如果我们的菜高于屏幕价，这个秤无法显示。比如这个菜2元一斤，你如果卖2.01元，电子秤是称不出来的。"员工更拿出顾客正在称的金针菇进行讲解："我们今天的金针菇，屏幕上显示7.5元一斤，我想输8元一斤，它就显示输入太大，不允许输入了。如果我输入6.5元一斤，就可以称了，这就是有上限没有下限。"

朱约瑟进社区的蔬菜直通车对老百姓来说既方便又实惠，经常买菜的人都排队排好几层，每天带的菜基本上能卖完，有时不到2个小时就能卖完。看似很红火的生意，其实有点"赔钱赚吆喝"的感觉，就算总量达到一定的程度，也赚不了多少钱，基本上以平价为主。

既然不赚钱，朱约瑟干嘛还做得这么带劲？这真让人捉摸不透。

但朱约瑟自己心里可明白着呢！他说："这里是赔钱的，赚钱不靠这里。如果直通车不做，我们以后的产业，赚钱的事情就做不了。"那他到底要靠什么赚钱？

"网上菜篮子"成就新财富

"我不喜欢跟在人家后面跑。我承包农贸市场，开超市，我很喜欢创新。2007年我就在想，怎么样把农贸市场搬进电脑。他们从网上点击就可以买到我们的蔬菜，实现网上网下两条腿走路。这种事情人家想都不敢想。"

2011年年底，朱约瑟开始实施一直酝酿的把农贸市场搬上网的计划，他要将基地的蔬菜自产自销，进行网上配送。这时，儿子搭建的蔬菜网上交易平台也已经完工，直通车也终于派上了大用场。

儿子朱峰峰此时也才明白父亲的良苦用心："没蔬菜直通车，我们一些团购、城区的一些单位，像农行之类，我们车子根本开不进去，送也送不出去。"虽然专门的配送车无法在路上通行，但是蔬菜直通车交警部门是开了绿灯的，直通车就可以身兼两职，做网络配送，给网上的会员配送蔬菜组合。以蔬菜组合小箱为例，小箱全年的配送价格是1500元，共52箱，每礼拜送一箱。有8个品种以上的菜品，营养搭配，有叶菜类、菌菇类、茄菇类进行搭配，平均下来只有2元多一斤。8个品种的蔬菜，有的蔬菜亏本，但其余的品种会盈利，一箱总体的价格比市场价格还要便宜15%。会员只需一次性付款，就可以全年免费配送到家。截至2012年6月，朱约瑟仅用半年时间就靠网上销售赚到1200多万元。

尽管现在朱约瑟网上菜篮子销售的成绩斐然，但项目刚开始运营时，也是赔钱。

朱约瑟回忆刚开始的情景说："最难的就是前期，2000个会员以前是最难最难的，到2000个会员后，才可以保本。"为了对自己的网络菜篮子进行宣传，朱约瑟又去参加了农博会。在农博会的四五天时间里，他们进行现场会员办理活动，还现场赠送蔬菜，因为一些顾客对他们的基地有所了解，很快就吸纳了五六十个会员。但如此数量的会员，对他们来讲也是杯水车薪。"小箱30来元一箱，大箱50元钱一箱，光油费就七八十元，有的员工嫌路远还不去。于是我们规定网上承诺的，不管怎么样都要送到。"

为了让会员迅速增加，朱约瑟想到了一个好办法。

由于很多人担心缴纳了一年的蔬菜费，突然一天公司没了，岂不是亏大了。为了证明自己的实力，打消消费者的顾虑。朱约瑟组织社区社工、楼道长到他们的基地进行实地参观。而恰巧社区也正想搞个活动，当是旅游，他们包办车费，朱约瑟则负责他们在基地的餐食。回去的时候，还不忘让每人拎一袋蔬菜回去品尝。

社区代表回到社区后的宣传给朱约瑟带来了实际的效益，朱约瑟网上会员很快就突破了3000名，目前已有6000多名。

拥有了20几辆配送车，朱约瑟不仅进行网络配送，还争取到了给杭州近百个企事业单位的食堂配送蔬菜，加上超市和农贸市场，他一年的销售额达到了9000多万元。

现在企业一切走上正轨，朱约瑟对公司的事情也不再亲力亲为，而是大都交给儿子负责。年近半百的朱约瑟，现在也开始慢慢享受天伦之乐。

创业问答

记　者：这个事情是您喜欢的事情？

朱约瑟：每个人都有自己的个性，我的个性是把事业做好。现在我们做事情不是当一个企业来做，而是当一个事业来做。包括我们现在做菜篮子工程，是当一个民生工程来做，当一个社会责任来做，这样做的心态就好。为什么扶贫？也是带动他们，人带动起来了，是我帮他们做起来的，心里面就很舒服，有成就感。

记　者：您觉得创业过程中赚钱是第一位的吗？

朱约瑟：对我来说，创业赚钱不是第一位。钱是不是要赚？要赚的。每个人都要赚钱要生活，但是你如果把赚钱的事情放在第一位，那你的精神压力就大了。不放在第一位，但是你努力去做，把这个事情做好，钱自然会赚过来。

记　者：您觉得成功的创业者应该具备哪些因素？

朱约瑟：创业要成功，首先要自信。想到这个事情是可行的，必须去做。第二个你怎么样跟家庭沟通。家庭老是反对你，你要做好这个事情，心里也不舒服，做这个事情肯定也很难。一个自己定位，你如果定好了，必须去做。等你去做了，跟家人沟通。有压力的时候，你必须掌握良好的心态。没有良好的心态，那也不行。前期也是不赚钱，到底不赚钱需要多长时间，你心里面没有底。如果你常年不赚钱，你做得到吗？那肯定不行。

记　者：您有什么创业心得？

朱约瑟：我的创业心得跟我的个性有关。首先，我做事情不喜欢给人家做，为什么？你给人家做，你永远做不出亮点。第二，我做事情有一个特点，努力去掌握每一件事情的窍门。你做事情，哪怕喝酒，聊天，都可以摸索当中的规律和窍门。每一件事情都有它自身的窍门。你摸索出来了，就是你行。第三，赚钱不是一对一。你这边没有钱赚，肯定那边有的赚。有些东西你这边想赚钱，那边肯定赚不到。

朱俭勇的传统与现代

朱俭勇成功的创业经历，似乎都是水到渠成，顺理成章。他一步一步地增加自己的项目。每次增加的项目又可以采取守势，以稳定的收益让自己享受着幸福美好的生活。这样似乎没有必要再延展新的领域，毕竟在一个未知的天地里，谁也不知道会有什么意想不到的风险和危机。但富贵险中求，创业者的本性，又让朱俭勇无法放弃任何细小的商机。以自己的经营能力，无论是规模还是收益，他都能实现每一个项目的价值最大化。自然，其间的过程纷繁芜杂，起伏跌宕。

采访完毕，一幅绘满传奇的创业画卷向我们徐徐展开。朱俭勇，这位让有“生意精”之称的义乌人不禁竖起大拇指的义乌人，能让我们做的，唯有分享他的创业传奇经历。

王茜　孙彦峰　文/图

VIVANCO

酿酒匠的饲料生意

“那时候我在酿酒。有一次送酒回来，看到一群养猪的，大概有五六十个人等在路边。一辆运饲料的车停下来，大家蜂拥上去抢饲料。我在旁边看呆了，饲料怎么会这么紧张？ 就在那一刻，我想这么紧张、这么需要的东西，我能不能自己生产？ 后来去请教一些专家，觉得可以生产这个饲料，后来就创办了饲料厂。”

朱俭勇，浙江义乌义亭镇畈田朱乡人。人多地少，任凭父母怎样辛勤劳作，也解决不了一家6口人的温饱问题。家里希望在解决生活困难问题上增加一个帮手。1983年初中毕业后，他即回乡务农。1986年，年仅19岁的朱俭勇拿着一家人省吃俭用积累下来的400元钱和300斤大米，和堂兄一起办起了黄酒厂，生产黄酒和米酒。对江浙人来说，做黄酒是一个传统项目，谈不上赚大钱。

没想到酒厂被朱俭勇经营得有声有色，每年还有几万元的利润。这样做下去的话，会不会在中国有一家知名的黄酒企业诞生，现在不得而知。因为很快朱俭勇就转行了。

畈田朱乡是供香港生猪的基地之一，是农业部定点出口基地。1988年，一场突如其来的通货膨胀，让国内各种物资紧缺，猪饲料中的主要配料——玉米在很多地方根本买不到。有一次朱俭勇拉酒回来的时候，看到当地养猪的，大概有五六十个人在那里等。一辆运饲料的货车停下来，大家蜂拥而上立马将饲料抢光。旁边的朱俭勇简直看呆了，这个饲料怎么会这么紧张。就在那一刻，他想，能不能自己生产饲料。

朱俭勇向当地的兽医吴益军咨询，能不能搞一个饲料厂。吴益军应该是最近距离接触养殖户的专家了，市场消息最真实也最具有可行性。吴益军一听，立马建议他搞，说看到太多养殖户缺饲料的痛苦了。搞一个饲料厂既解决了老百姓的困难，对朱俭勇也是一个发展的机会。还给他分析了一下市场。当时根本买不到饲料，养殖户的猪今天有吃的，明天的饲料在哪里都不知道。加上生猪全部出口到香港，对品质要求很高。必须要有好的饲料，不能喂那些乱七八糟的东西。

有了想法朱俭勇并没有轻举妄动。他又进行了一番市场调查。当时，畈田朱乡存栏的猪大概有5万头，照这个存栏猪计算，一年需要生产饲料1.5吨。这个收益，按整个投入预算，一年可以赚20万元。

开始总是很艰难的。从采购、生产到销售，朱俭勇两眼一抹黑，都要靠自己去克服解决。饲料厂办起来以后，为了节省费用，朱俭勇也总是亲自送饲料。有的时候养殖户晚上没饲料了，他开着拖拉机送到家里去。出差去采购粮食，住的旅馆基本上控制在5块钱之内或者加铺，连吃带住一天大概10块钱的标准。当时的猪饲料是粉状的，属于混合饲料，掺在其他饲料里生食。为了保证产品质量，朱俭勇在浙江农业大学（现浙江大学）找了一位教授，把混合饲料改为配合饲料，并用蒸汽熟化制成颗粒状。这样的饲料营养全面，喂食方便，不易下痢，有利于小猪生长，一上市就很受欢迎。1989年，朱俭勇的小作坊变身成了义乌颗粒饲料厂。

虽然生产过程艰苦，但是市场的销售让朱俭勇很兴奋。当时，饲料生产好后要装入包装袋，根本不需要工人，都是买饲料的自己抢着拿口袋放在出料口上去接。“我舅舅养鸭需要饲料，都没有办法正常供应给他。只有到后半夜才帮他接一两吨，解决暂时的困难。还有一次，我在义乌面粉公司买麸皮。有一个养鸭的老板，背了一袋钱，他已经等了一个星期都没有买到饲料。他说买不到饲料就不回家了，回去饲料问题也解决不了。我听了他的话非常感动，告诉他，今天我一定让你买到饲料。最后我把他的饲料问题解决了。”

1990年以后，饲料供应就不像前几年那样紧张了。但朱俭勇的饲料因为质量好加上服务到位仍然供不应求。后来，朱俭勇的饲料不光供应义乌，也供应到台州、衢州、绍兴，规模渐渐大了起来。

后来为了保障自己的原料供应，朱俭勇收购了义乌市粮食局的一个面粉公司。又过了几年，他又收购了粮食局的那一家饲料公司。如此一来，朱俭勇锁定了他在义乌饲料行业的龙头地位。

饲料厂的猪老板

“饲料下游就是养猪的。早期的时候，猪都是以一家一产饲养为主。那时候我就考虑，能不能用规模化的方式来进行养猪。我通过一些考察和研究以后，开始建一个能起到示范作用的标准化农场。”

朱俭勇第二步大跨越的提升，是嫁接出来的。

1992年，邓小平南方讲话，加大了中国对外开放的力度。同时，中国海协会与台湾海基会达成“九·二共识”，国内一切气候都在向着有助于创业者解放思想，放下包袱发展经济的方向推进。在这样的背景下，台湾一些有眼光的企业经营者迫不及待地到大陆寻找商机，其中就包括台湾大型饲料机械生产企业——台湾甲统股份有限公司的董事长林振发。以他的实力进入巨大的大陆市场，希望能寻找到合适的合作伙伴。

大陆最先感受到这股风的是沿海企业。此时的朱俭勇已不满足于颗粒饲料生产销售带来的“小富”，正构思着构建自己饲料王国的梦想，想大踏步发展却找不到有力支撑。这时，朱俭勇在朋友的介绍下结识了林振发。

在大陆，林振发考察了很多地方和企业，大多数都是国有企业，当时，很多私营企业刚刚开始起步。稍有经营意识的朱俭勇，厂子也只是初具雏形——规模小，设备简陋，产品甚至还没有商标。怎么合作？朱俭勇清楚地知道自己的条件不如人，却下定决心“一定要谈下来”。硬件比不了，那就拼诚意、拼干劲。朱俭勇一边积极地同林振发接洽，一边解决落实洽谈时涉及的各种细节问题。当合同最终签定，朱俭勇已经完成了包括土地在内的合同所涉及的所有条件，就等项目上马了。如此真诚，林振发还有什么话说，欣然与朱俭勇握手合作，这一握就是十余年。林振发受过高等教育，对国际市场走向也有自己的认识和看法。早在合作之初，他就启发朱俭勇延伸产业链、走农业产业化道路，在朱俭勇其后的规模扩张和产业提升中，得到了他的支持和点拨。不仅引进了资金、技术及先进的管理经验，朱俭勇更是结识了一位事业上的合作伙伴、人生的良师益友。

1992 年 12 月，中台合资浙江义乌华统饲料有限公司（以及简称“华统”）在义亭工业区正式投产，因为直接吸纳了最先进的技术设备和雄厚资金，“华统”的规模实力大大增强，饲料生产水平已在国内同行业中处于领先地位。

1999 年，对朱俭勇来说，又是关键的一年。在珠海，针对未来企业的走向，朱俭勇和林振发进行了深入细致的探讨和规划。林振发从国际生猪产业状态透析国内产业发展趋向，并结合台湾及东南亚猪肉消费市场的发展变化，向朱俭勇传递了猪肉制品深加工“一百年不会衰”的观念，希望企业在 5 年内打造一条饲料生产—生猪养殖—肉制品深加工—内贸外销完善的产业链。正是因为这样一个重要观念的植入，从此，“华统”摆脱了区域性单一小饲料厂的经营思维，展开联想的翅膀转向延伸产业链、增加产品附加值的道路上来。

2001 年，朱俭勇投资 2000 万元在义亭镇陇头朱村承包 120 亩土地，创办了华统养殖有限公司，年出栏瘦肉型猪 4 万头，成为浙中地区规模最大的商品猪养殖基地。与此同时，公司又从台湾等地引进高级技术人才，并与台湾鹤年股份有限公司达成意向，合资创办华鹤生物科技有限公司，总投资 1600 万元，利用生物工程技术，专门生产一种 HB－300 高蛋白饲料。这种饲料投产后，填补了国内空白。2001 年 6 月，华统肉制品有限公司投入运营，公司按出口标准设计建设，从德国引进屠宰、冷冻自动化生产线，形成年屠宰冷冻猪 40 万头的生产能力。至此，“华统”实现了产业链从饲料生产到生猪饲养、肉制品加工的延伸。

加工量上去了，肉怎么卖？朱俭勇还是想着用以前的招数进行。猪饲料是自己生产的，猪是我自己养的。总不能以自己的产量去进入市场打价格战吧。朱俭勇想把这个再延伸，提高创利能力。首先考虑火腿肠，它是 20 世纪 80 年代从欧洲引进来的，在国内率先引入的是双汇，一炮打响；在 90 年代末，南京雨润再从欧洲引进低温肉制品，相对火腿肠又提高了一个档次，也在国内迅速走红，雨润随之发展壮大。火腿肠，低温肉制品，都已经做得很成熟了，如果发展到有一定规模，他们势必采取措施来压制你，必须错位经营。

当时的市场状况是，前腿肉细嫩，一年四季好卖，后腿肉相对硬一些，吃的人少，猪肉经销商一般后腿进得少。只有等到下半年，开始做火腿时，后腿才可以有销路。这样一来，后腿的积压就相当严重，不得已只能减价销售。猪后腿成了朱俭勇难以突破的瓶颈。

猪老板念火腿经

“我是陪客户来考察义务小商品市场的。在西班牙国际会馆突然看到火腿，我就奇怪，西班牙馆里怎么会卖火腿，而且9500元人民币一只，我非常惊讶。我们金华火腿一只大概就卖300~500元，为什么西班牙火腿要卖9000多块钱？我细致地观察以后发现，他这个火腿是可以直接生吃的。那时候我有一个想法，我又养猪，又杀猪，我们能不能也用西班牙的技术来生产可以生吃的火腿。”

义乌中国小商品城进口馆，有一个西班牙馆。是西班牙人来中国卖西班牙商品的，同时也是小商品城里的一个展览馆。有一天，朱俭勇带着东北的客户来逛这个闻名遐迩的小商品市场，想到进口馆里看看有没有品质好一点的红酒。突然，朱俭勇在西班牙馆里发现了火腿。西班牙馆里怎么会有火腿？他本能地想到火腿应该是金华火腿。一看标价，一只9500元，确信这不是金华的而是西班牙的火腿。这对朱俭勇触动很大。一般的金华火腿也就三四百元钱一只，差距会有这么大？看外形比金华火腿稍大一点，其他都一样，但是它能生吃。又是养猪又是卖猪的他，觉得应该回去好好研究一下，这个西班牙火腿到底是什么来历，这么贵。我们能不能按西班牙这种标准生产出可以生吃的火腿。

回来没多久，上了心的朱俭勇决定去欧洲考查火腿。到了西班牙，他发现这种火腿很贵，只有贵宾才可以吃到。最贵的火腿可以卖到10万元人民币，主人说这种猪是橡树林里吃橡果长大的。西班牙有接近5000万的人口，整个国家一年消费火腿要达6000万只，意大利大概4000万左右的人口，一年也要接近6000万只的火腿，相当于每人每年要吃掉1只多的火腿。而我国全国算起来，金华火腿大概400万只，再加上其他品牌，估计也不会超过600万只。

这应该是消费认识和消费习惯的问题。国内很多人认为火腿属于腌腊制品，有亚硝酸盐之类的致癌物。其实这种火腿是发酵的肉制品，而不是腌腊的肉制品。它

为攻克火腿难题，朱俭勇亲力亲为。

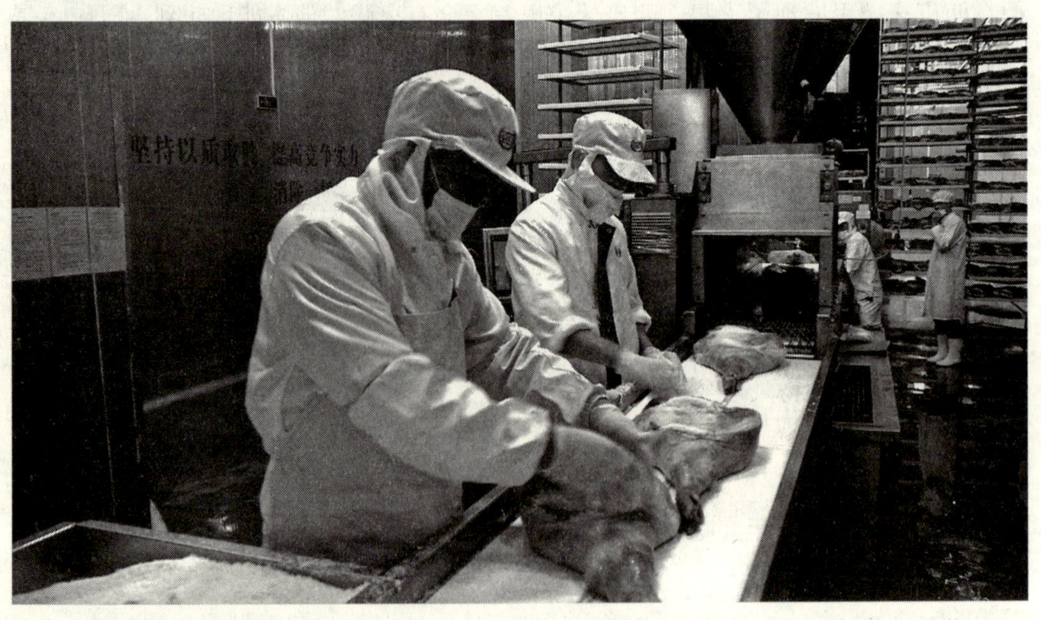

严格规范的生产车间。

的营养成分完全不一样，里面含有大概30几种有益菌。可以生吃，有益菌就不会被破坏，直接进入肠道，在里面建立起菌体的生态，起到保护肠胃的作用。欧洲人吃这种火腿是吃营养，吃价值。在国际上，火腿是三大发酵食品（火腿、红酒、奶酪）之一，也是三大发酵食品和肉制品中等级最高的。在欧洲，他们早餐切几片火腿，夹着面包吃，晚上休息喝点红酒，再切两片火腿。在西班牙，朱俭勇切一片火腿放进嘴里，不用嚼，自然就会溶化。这和国内的消费方式太不一样了。国内不敢这样生吃火腿，一般是作佐料、调味品在使用，人们根本不了解火腿的价值。随着经济的发展，生活水平的提高，国内也会慢慢地开始接受生吃的火腿。

有了国外的游历，朱俭勇回到义乌后，又认真去考查了一下金华火腿的做法。发现国内生产火腿在工艺上根本没有标准。完全按传统的作坊式火腿生产，靠天吃饭。比如冬天开始腌制，如果冬天的温度高，火腿处理不好就会发生变质。为了防止变质，就要用大量的盐来控制，这样就会导致生产出来的火腿含盐量非常高，消费者把火腿烧起来吃就很难入口。欧洲火腿是用工厂化、标准化生产，模拟了四季的温度，可以天天生产，火腿含盐量低，可以直接入口。而金华火腿只能在冬季，寒冬腊月的时候开始腌制，到春天的时候洗出来，到夏天再把它挂起来，开始发酵，一直到冬天才能下架。成熟，腌好，需要一年时间才能完成。

通过对欧洲和本地火腿生产方式和市场的考察，朱俭勇的想法渐渐明晰了。由于受传统工艺的约束，金华火腿没能得到很好的发展。如果自己把国外的生产工艺与本地相结合，能不能做出中国最好的火腿？朱俭勇觉得自己有义务和责任重振金华火腿，一定要做金华最大的火腿生产基地。

华统重新做“腿”

“公司也有一些高管持怀疑态度。受毒火腿事件影响，大家心里面对火腿存在一些阴影。我们要投这么大的资金来发展这个产业，他们觉得有很大的风险，会提一些不同的意见，包括台湾的股东。”

2003年，有很多火腿生产厂家在五六月份，因为价格低进了很多后腿，准备进入寒冷期时，正好加工制作出来，获得更大的收益。但人算不如天算。这一年气温比往年都高，即使进入下半年开始储备后腿，准备做火腿时，也没有等到想象中的寒冷。气温迟迟不降，传统洗晒火腿时，招来了苍蝇，很快让火腿就烂掉了。为了阻止这种现象发生，有的厂家便不管不顾地用杀虫的药物往火腿上喷。苍蝇倒是不来了，但“金华出了毒火腿”的新闻，一时间甚嚣尘上。这一下谁还敢吃？整个金华火腿企业往年有400万只以上的销量，发生“毒火腿”事件后就下降为不到100万只。金华做传统火腿的企业最多的时候接近200家，最后剩下五六十家。对火腿行业来说，可谓是毁灭性的打击。

老祖宗传承下来这么好的一个品牌，得过世界巴拿马金奖，也算是世界级的品牌，一下子眼睁睁看着这个品牌就这样倒下了。朱俭勇有些不甘心，他正式提出来，要做火腿。

经过在国外的考察，朱俭勇想既要发展欧洲可以生吃的火腿，还要保持金华传统火腿风味标准。经过多方论证，他发现火腿的制作设备，意大利的是最好的，而制作火腿的工艺则是西班牙最强，要做就按最高的标准做。引进意大利的设备，引进西班牙的技术来做最好的火腿。

一听朱俭勇要做火腿，公司内部和同行顿时都炸开了锅。国内行情正被“毒火腿”事件搞得很低迷，要投这么大的资金来发展火腿产业，风险太大。林振发对此也持不同的意见。

此时的朱俭勇已经“涉腿”很深了。他认为，金华火腿并不是没有市场，只是这个市场被前面生产工艺上的问题毁掉了，如果用先进的生产工艺，彻底解决这些问题，最后肯定赢得市场的认可。再说从产业链来讲，通过火腿生产可以解决后腿的严重滞销问题。在金华，他们有屠宰的优势，原料的优势，品牌的优势，也只有他这样的企业才能完成重整金华火腿的重任。

2007年考察好市场，定好了设备，年底就开始动工。3条生产线，总投资3亿元，年产火腿达到120万只。正当朱俭勇准备大展拳脚时，2008年七八月份，一场席卷全球的金融危机爆发了。这对正在转型升级过程中的朱俭勇是极大的打击。那时候销售还没有开始，大量的现金已经投入，公司内部争论很大，这怎么办？继续走下去还是停下？这是一个万分艰难的抉择。朱俭勇冷静下来想了很久，认为金融危机由美国引起，不一定会影响到中国。金融危机缺的是资金，如果把资金解决了，危机也就过去。危机，有危也有机，有资金，就有机会。别人没有资金实力，就没法做；如果自己能抓住机遇，就能得到发展。再说，食品行业即使进入危机了，东西还是要吃的。

朱俭勇以自己的胆识和对市场的分析，让大家放下了心里的包袱，开始一门心思地跟随他进入火腿行业，重振金华火腿市场。

朱俭勇练“腿”功

“设备进来以后，都已经把它安装好了，接下来到底按西班牙标准生产火腿，还是生产金华风味的火腿，成了一个很大的问题。最后决定不完全生产西班牙火腿，因为西班牙的火腿纯，完全生吃，也不像金华火腿的风味，很咸，只用作佐料。我要做出我们特有的标准火腿出来，也就是把中西结合起来的标准，按标准化生产这个火腿。”

生产什么火腿？西班牙的还是金华的？在所有设备到位之后，这成了摆在朱俭勇面前最大的问题。车间里聚焦了来自西班牙的技术人员和做传统金华火腿的师傅，都想在对方面前把自己的技术表现出来。

由西班牙技术人员率先出场。他们采取 15 天腌渍法。因为可以生吃，佐红酒夹面包，他们一般是上 2 次盐，腿大的上 3 次，就拿去低温脱水。15 天过后，有 20% 的小猪腿做得稍好，大的因为盐没有渗透进去，有异味。因为国外不吃骨头，切出来的骨头是黑的，吃起来肉也是软的，没有香味。这样的产品，肯定不符合中国人的消费习惯。金华火腿的骨头是用来炖汤的。

传统金华火腿需要上 7 ~ 8 次盐，使盐充分渗透到肉里面，达到防腐的目的。但这种做法的后果就是太咸，不利于健康，只能当佐料。再加上室外晒制，师傅凭手艺掌握制腿的方法，不利于产品安全和进行批量化生产。

把盐分降下来，还可以生吃，做出中西合璧的华统火腿，成了朱俭勇攻克的目标。“就是要设计生产出的产品卫生指标、营养成分等达到欧洲标准，又要结合金华火腿的风味，把含盐量降低，增加火腿柔软度。这样，让他的市场范围更广阔，年轻人就会接受，用西方的方式进行饮食改变。去过欧洲的人知道这个火腿很好，很有营养价值，就会尝试生吃。再加上产品结合了金华火腿的风味，消费者接受的范围变得更加宽阔了。”

说起来容易，做起来难。“要找到两者的结合点很难。在这个过程当中，我把西班牙技术人员和金华传统制作的师傅召集在一起，不断地研究，不断地开发。第一个生产工艺不同；生产的过程就不同，第二个生产产品的方式不同，所参照的技术也就不一样。真正的中西碰撞。”

生产技术、生产标准，大家都在往各自传统的制作工艺上挖空心思找解决办法，他们忽略了现代化的机械设备。“当我们在传统的理念当中争执时，没想到用意大利设备生产有一个最大的优点，它的温度和湿度是可控的。”

加盐量与温度和湿度相关。在密闭的空间里，控制好金华火腿的用盐量，就可以得到安全放心、可以生吃的金华风味火腿。朱俭勇想要的正是这种效果。“这台意大利进口设备可以完全模拟自然界天气情况。金华火腿都是冬天完成上盐，到夏天发酵，春天、秋天发酵完后入库。我们这套设备就完全摆脱了自然界天气的影响，可以模拟一年四季任何一天的天气状况，一年 365 天，天天都可以生产。温度和湿度都可以精确到 0.1 的误差。”

掌握了设备的功能，就把金华火腿从传统受大自然风吹日晒的不可控变成了可控。在这种状况下，就可以慢慢调节产品在每一个步骤中的品质质量。“经过摸索，我们把每一个阶段的腿砍出来试一下，就是 20 天、25 天、30 天、35 天，观察每个部位的腌制要求。采用这种办法，产品做出来的质量就完全符合金华火腿的标准。比如上盐，在传统制作当中，火腿的含盐量在 10% 以上，借助这套生产设备，成品用盐只有 6% ~8%。每上一道盐都有标准，10 公斤的腿，第一次上盐精准到 6%，第二次盐上 4%，按腿的大小规格逐步降低。我们现在加工的产品就很均匀，正品率可以达到 99.5% 以上。”

有了目标和方向，采用了西班牙的生产工艺，在金华火腿生产技术的操作下，借助了这套最先进的意大利生产设备，不断磨合。“很多腿做坏了，我们就处理掉。我们总共用了 1 年左右的时间，终于拥有了现在这一套相当完整的生产工艺标准。”

检疫人员在车间检查火腿发酵情况。

薄如蝉翼、入口即化的金华火腿。

朱俭勇把金华火腿带入国际市场。

华统“名腿”走天下

“我在跟他们合作当中，只有我敢承诺，在我们提供的火腿中出现任何质量问题，我们全赔。在火腿的生产过程中，你很难敢这样承诺。因为火腿里面有一块不好的，很正常。经过长期生产、发酵的漫长过程，很容易会有一些变化。但是我们不同，我们的产品就不可能，百分之百合格。”

“火腿生产出来以后，我在销售战略上，第一步就去占领上海南京路。直接深入到终端，让终端来确定产品的品质。只要终端认可这个产品，产品就会有市场。”朱俭勇清楚地认识到，全国商业在上海，上海的商业在南京路。这是一个最好、最有效的广告传播点。而上海又是中国火腿消费最大的城市。

经过对南京路各个店面的亲自考察，朱俭勇选择了先和邵万生食品公司和上海第一食品公司合作。“他们是几百年的店，都是老字号企业。看上去店面不大，但是火腿的销售量非常大，像邵万生 1 个门店 1 年有 1 亿多元的销售额。”原因就在于顾客对他们品质的信任。

对邵万生食品来说，他们也有自己的销售困惑，火腿算是其中的一种。“有时把火腿卖出去，人家把鸭子炖起来，结果火腿是坏的。人家把整罐鸭子都端到店里来了。他们也很难保障每只卖出去的火腿都品质优良。他们苦于找不到能生产质量稳定、标准的火腿厂家，而我们的产品就非常有保障。”

朱俭勇的销售方式也很特别。在店里，他把每一只火腿切出来一块一块地卖。这个就对品质要求非常高。如果切出来有问题，马上就发现了。明明白白地验证产品质量。而且，“如果一只腿里一块有问题，我就会赔整只腿给他。”在南京路上卖火腿的大商家有 5 家，朱俭勇就占了 2 家，真正如此大胆地把产品以这种方式销售的，只有“华统”。

“选择这么强势的企业来合作，无形中提高了我们的知名度。再加上我们后续跟进，一系列的广告配合、人员支持，及各种促销，共同打开了市场。”这样一来，上海的消费者从认识很快就变成了购买。占领了南京路，让朱俭勇的火腿品牌迅速在上海市场崛起。以此为基础，他进入上海沃尔玛、家乐福等各大卖场，和他们谈判就变得无往而不利了。上海市场一旦打开，江浙一带迅速铺开。

市场告捷，产量就必须加大。"在这个过程中，我们自己的原料不够，从外面采购了一批，生产就出问题了。在生产过程中我发现有味道。通过技术人员检测后，全部销毁。原料的品质太重要了，尤其食品行业。只有我们自己屠宰下来的猪腿，生产出来的产品才有百分之百的保障。"火腿原料需求不断增加，又不能到外面去买猪腿，就必须增加屠宰量，必须有足够大的养殖规模支撑。朱俭勇在当地组建了生猪养殖合作社，通过合作社按"六统一"（统一饲料、统一防疫、统一品种、统一宰杀、统一加工、统一销售）标准，把大型的养殖场组织起来，这样养出来的猪，一切就变得可以控制，达到华统的火腿生产要求。

有了成熟的生产工艺，有了有力的市场渠道，有了强大的养殖配合，朱俭勇又把猪的品种提上了议事日程。他认为，只有最地道品种的猪，才能做出最好的火腿产品。"'两头乌'是我们金华地方血统的猪种，因为养殖成本高且重量不大，都快绝迹了。后来政府出钱把它保护下来，完全没有进行任何改良的生猪品种。我们叫它熊猫猪，两头是黑的，中间是白的。这种猪的肉吃起来特别香，油而不腻。我们正在跟中科院合作，共同解决难题，把'两头乌'的猪肉养成像雪花牛肉一样"。

对于火腿的消费，在中国来说，与吃猪肉相比，还不算是一种普遍现象。朱俭勇提出了自己的品牌目标，把"华统"打造成国内最大的发酵肉制品生产基地。但这不仅仅是口号喊出来，还需要消费意识的转变。"以前没有高科技的手段来检测火腿里面的有益功能。像火腿肉里面的蛋白分解成一种酶，这种酶对人体有益，有强身壮体的作用。我相信随着信息的传播，不断了解火腿的内在功能，消费者会越来越多地选择吃火腿。"

朱俭勇说，他不奢望全国人民每人一只火腿，就是吃一斤，也是一个巨大的市场。"整个计算下来需要1.4亿只火腿，像我们工厂大概一年下来要生产80万~100万只火腿，需要140家工厂才能满足市场的需求。"

面对现在企业的形势和未来发展，朱俭勇感觉很欣慰，"我做到现在这个位置上，已经很清晰地知道火腿的未来发展趋势了。我们越做越有信心"。

创业问答

记　者：您有什么创业心得？

朱俭勇：我觉得一个人做事业不仅仅是为了自己，为赚到多少钱来享受。完全是一种责任，是为这个社会承担的责任，要用这样的心去对待。我最大的心得是把一件事情做成功了，这是我最欣慰的。而且在不断地累积，不断地成功，这是最开心的事。越做越开心。

记　者：创业过程中，自己的哪个特点让您觉得最痛恨？

朱俭勇：以前对某件事情可能急于做好，就没有做好。一下子情绪上来，对一些同事也会有脾气。在早期我对自己控制情绪方面觉得做得很不够。随着年龄的增长，慢慢地提高了很多，现在对自己情绪控制好多了。

记　者：创业应该具备哪些条件？

朱俭勇：创业具备的条件第一个要有人才，第二个要有资金。

因为我在早期的过程中没有这个概念，所谓卖方市场，那时候市场竞争门槛相对低一些。到了现在完全是买方市场，市场竞争非常激烈。在这个过程当中，人才尤为重要，很明显，企业要靠人才去发展。到现在，你要创业，那么我考虑人才应该放在第一，资金放在第二，项目放到第三。按照这个顺序，人才是最重要的。

记　者：创业除了赚钱以外还有哪些追求？

朱俭勇：除了赚钱之外，最欣慰的是，我可以重振金华火腿，把它发扬光大。我每天提供这么多猪肉给广大的消费者，都是很健康、很有营养、很安全的食品，这样我每天都觉得很满意，至少为这个社会承担了责任。做企业不仅仅是赚钱，更重要的是承担社会责任。

记　者：你认为创业者应该具备的素质？

朱俭勇：以我创业的经验，首先要不怕苦，像我早期的时候，根本不知道什么是辛苦，什么是累；还要有毅力，因为创业一定会碰到很多困难，要面对困难踏过去；还要执着，对自己做的行业非常喜欢，我觉得这些都是基本条件。

财富奇女

她因丈夫欠下500万元赌债，而绝望得想跳河自杀，最后只得辞去高薪职位去创业；为了创业，她每天只睡4个小时，甚至到大排档当啤酒妹推销啤酒；她遭遇车祸生死劫，家庭惨遭变故；她被人称为创业"三无"人员，但短短4年后，她却奇迹般地成为当地有名的企业家，一年销售收入1.5亿元。

她就是浙江嘉兴的传奇女子——钱丽。

张辉　武耀华　文/图

做外贸是一直的心愿

“最初毕业进入外贸公司，是希望能够把自己所学的理论与实践结合起来，尽快让自己把书本知识变成现实运用。当自己真正从事这一行以后，又希望能够有独当一面的机会。再想开个小外贸公司，这样慢慢一步一步走下去。”

浙江省桐乡市乌镇是全国闻名的江南古镇，钱丽的老家就在这里。

父亲打工母亲务农，从小家里经济不算宽裕。在钱丽的记忆中，能吃上一块豆腐干，对她来说就是难得的美味。作为家里长女的她从小就很自立，对外面的世界也有一番自己的看法，“只有靠自己努力学习，考上大学才能改善自己和家人的生活状况，才能走出小镇到大城市，才能有新的生活”。而父亲更认准了“只有念书才能把她培养出来”的死理，对她读书的事全力支持。

钱丽发奋学习，想改变自己和家人的命运。1999 年她如愿考上了浙江大学英语专业。在大学里，她有着比同龄人更明确的目标及更成熟的想法。为帮父母分担家里的负担，她一进大学就思索着要找自己喜欢又有前景的职业。限于英语只是一种交流工具，没有实际的技能可发挥，加上她对经济比较感兴趣，平时就开始关注经济方面的新闻。她发现对外贸易将是很有前景的职业，若能去学国际贸易专业，对以后的工作或许更有帮助。

确定好努力的目标后，她把自己的想法跟老师和盘托出，却遭到老师的拒绝。因为老师怕她辅修其他专业，会落下主修课程，影响她其他方面的成绩。为了确保万无一失，老师最终答应在她主修课全“A”的情况下，就可以辅修国际贸易专业。而她却给老师打下包票，“主修全 A，辅修也全 A”。

为了达到老师要求，钱丽放弃了很多玩耍的时间。同学去玩时，她把时间都交给了学习。她用小本子每天给自己订一个计划，记上每天要做的事，必须完成的项目，事事做到心中有数。于是，当别人在想如何“消磨”光阴时，而她的时间却往往不够用。每天吃完晚饭，在校园稍微溜达一会儿，从晚上 5：30 一直到 8：30，她都留在图书馆学习。就算和同学出去玩或逛街，一年中也只有很少几次。这样的生活在钱丽眼里并不觉得枯燥，反而很充实，因为她每天都在为自己的目标而努力。

2003 年钱丽大学毕业，父母希望她考公务员或留校，但她义无反顾地选择了外贸公司。在她看来，公务员工作相对稳定，但并非自己喜欢的工作。她性格外向，喜欢没有拘束、能发挥自己想法或才华空间的工作。公务员或留校，是会跳进条条框框里的工作，不是她人生中想要追求的目标。做外贸，可以接触到更多，甚至是全世界范围的东西，不是框框里面的各种模式。这也是大学 4 年来，她所有付出想要收获的结果。

因为经济条件有限，钱丽很清楚家里不可能拿出足够的钱来给自己开公司，自己做外贸的想法眼前来说是不现实的。此时的她，只是希望能够把自己所学的理论与实践结合，尽快将书本上的知识运用到现实中，能够学到更多的东西，靠努力打工挣钱，可以养活自己，再开辟出一片新天地。

钱丽如愿地去了一家香港外贸公司在杭州的分部。仅一年半时间，她就从报关员做到了外贸部经理，年薪达到 20 万元。虽然每天忙得不可开交，桌上堆满了不同的文件，电话不停地响。她却很享受这种极具挑战性的工作，也很满意自己当时的状态：自己能养活自己，还能帮父母补贴家用，给弟弟补贴生活费。

在这段平稳安逸的生活中，2004 年她披上了婚纱。她在外贸公司上班，丈夫在杭州从事工程运输，小日子过得很滋润。不久，可爱的儿子也降生了。就在钱丽沉浸在幸福中时，命运却和她开起了玩笑。

巨额赌债　萌发轻生念头

“听到这个数字的时候，我整个人都懵了。对我来讲，这是一个根本无法想象的天文数字。我们这个家怎么去还这 500 万元？ 他打电话给我，我问他，你有没有想过，我们这个家要怎么办，有没有想过我和孩子，他沉默了。我当时的心情没办法用言语去形容，总觉得自己的命运为什么会这样，总觉得自己是不是上辈子做错了什么。”

2007年的一天，丈夫告诉钱丽运输生意亏了，资金周转不灵，问她是否有钱。想着夫妻应该共患难，她毫不犹豫地把自己的18万元存款给了丈夫。

不久，丈夫又以资金周转为借口和她商量卖房了。她开始察觉到不对劲了，再三逼问下，丈夫才道出实情，说是赌钱输掉了五六十万元。知道真相的钱丽虽然很气愤，但出于对家庭的维护，她同意卖掉房子，“希望用自己的真情把他唤回来，希望他经过这次事情以后，能够洗心革面。”

在她以为这件事就此完结时，意想不到的“灾难性真相”浮出了水面。

一天，她接到婆婆电话，说丈夫失踪了。几经周折联系上丈夫后，丈夫却告诉她，他无心工程运输生意，背着她偷偷在外面赌博，陆续欠下了500万元的债务。他不敢面对，也无脸去面对所有人。

“500万！”听到这个数字，钱丽整个人都懵了，脑子里一片空白。这是一个她当时连想都不敢想的天文数字。“最迷茫的是，不知道该怎么去面对这个场景，很害怕。心里被一块石头压下来，整个人都站不住。”回忆起当时听到巨额赌债时的场景，钱丽还心有余悸。面对突如其来的变故，钱丽父亲也担心得睡不着觉，母亲抱着她哭了一整天，最后连一句话都说不出了。亲戚朋友在惊讶之余，也为她担心，怕她熬不过来。

由于身负巨债，丈夫不得不在外躲藏度日。到了腊月二十九，钱丽叫丈夫回家过年。由于债务的事，彼此提到钱都很敏感，结果因为一件小事，她与丈夫吵了一架，并大打出手，当晚就带着孩子回到了老家。

2008年春节，别人家里欢声笑语，钱丽却以泪洗面。白天可以用忙碌的工作消磨，每到了晚上，她基本上都睡不着。每天都在想怎么办，该怎么去找一条出路。她想到过借钱、卖血……想来想去都不现实，无法找到一种快速能赚到大钱的路径。

亲戚朋友来串门时，大家很开心，她都笑不出来，心里很沉重。一天，吃了饭后，亲戚朋友在嗑瓜子聊天，她想找个安静的地方待会儿，就离开了家。出门后，她却不知道去哪儿，漫无目的地走着，不知不觉来到河边。冬天的河边，风吹在身上很冷，但她察觉不到。就连冰冷的水花溅在脚上，也全然不觉。她想到从自己开始工作到工作渐渐顺手，生活有点希望和阳光的时候，却发生了这样的事，心理落差特别大。500万这样天文数字的赌债，她再怎么努力工作去还，生活也得不到改善。感情寄托没了，精神支柱也倒了，生活似乎戛然而止。提起当时的情景，钱丽依然难忍悲痛。“事隔这么多年，当我再来到这条河边看着水面的时候，心情还是没办法去平静。没有人可以想象我当时的心情，很无助，很凄凉。”想到现实的苦楚与500万元的债务，万念俱灰的钱丽没有了活下去的勇气，想一下子跳到河里，一了百了，从此解脱。

就在她想要跳河的时候，她收到了一条短信，也正是这条短信成了她改变命运的起点。原来，她出门后发了一条短信给弟弟，说：“想找一个地方让自己安静，不再痛苦，你要学着长大，照顾家人。”家人看到这种口吻的短信，顿时慌了，怕她寻短见就四处找她。正好此时，弟弟回信息给她说：“爸妈很着急地找你，你儿子在哭，要找妈妈。”接到短信以后，钱丽想到了家人，想着弟弟还在上学，父母已经老了，孩子还那么小。她是他们唯一的依靠，她不能这样做，不能这样子一了百了结束自己的生命，不负责任地抛下他们不管。哪怕再痛苦，再困难，她也不能让他们跟自己一样，对生活失去勇气。钱丽暗下决心，为了家人，她要好好活下去，现实再残酷她也要勇敢面对。

迷茫了一段时间后，钱丽意识到不能这样继续下去，要自己找到出路。此时，她为自己算了笔账：“去打工，年薪可以达到20万元。如果不吃不喝，一年攒20万元，要25年才能还上这笔500万元的债。”打工已经不能解决问题，若“自己创业做生意，相对来说可能赚钱的机会多一些，说不定能走出这个困境”。

一周以后钱丽做出决定，辞去香港外贸公司的工作，创业帮丈夫还债。

为还巨债　借钱走上创业路

“我记得很清楚，拿到5万元钱的时候，我在颤抖。觉得这5万元钱的分量很重，它寄托着父亲对我的爱，对我的期望。我更加明白我是这个家的希望。到现在为止，我再回想起来当时那段开始创业的时光，总是让我不断地鞭策自己，必须要坚强，必须要努力。”

面对家里极大的经济压力，钱丽做出了放手一搏的打算。

说起当初自己的决定，她坦言心里没有底，虽然她“曾经想过以后自己去做，但是总觉得天时地利人和各方面都不到位，一直都不敢去做”，眼下被500万元巨债逼迫，她也“只有冒这个险，看自己能不能搏一把”。

虽然在很多人看来，钱丽创业就是“三无”人员，没资金没经验也没资源，家里还欠着500万元外债，这样糟糕的状况下她靠什么去创业？又怎么可能创业成功呢？大家劝她别瞎折腾，她却破釜沉舟要去闯荡。

500万元的巨债成了钱丽创业的催化剂和动力，逼迫她必须快速找到翻身的机会。在无路可走时，她选择去面对，去做生意创业。但做生意就要启动资金，资金问题如何解决？

一向放不下面子去借钱的钱丽陷入了进退维谷的境地，除了豁出去去借去赊，别无他法。听说她要创业，父母东拼西凑帮她借了5万元，让她很感动。但仅有5万元钱能干点什么？

钱丽清楚她缺资金没经验，但也有自己的优势，那就是外贸专业知识和英语能力。如果干外贸，正好能发挥专长。一来在上市公司工作过，有外贸经验，还认识一些国外的朋友，他们可以提供一些信息和帮助。她想到身边一个美国朋友，经常把美国的一些东西拿到中国来加工，再把一些中国的东西拿到美国去卖。她看准这中间有极大的挖掘潜力，想照着朋友的模式做。而且干外贸，只要懂英语，有一台电脑就能开张，投资小见效快。

2008年4月，钱丽注册了外贸公司，招来2名员工。按她的预计，自己懂语言，又有些相关的经验，要做成功也有50%的可能。虽然“三无”，但她有信心，有比平常人更强的韧性，更愿意吃苦，就算单枪匹马，只要自己不认输，不退缩，在困难中坚持也相信能扛过去。这股倔强劲儿，是此时钱丽最佩服自己的一点，经验可以积累，资金也可以积累，这股“精气神”一定不能没有。

“一个很能干的人，可能把一盘青菜做得很漂亮，很好吃，但一个不会做饭的人，就会把它炒焦。同样一笔资金放在你身上，或许资金会最大化，但放在另一个人手上，或许最后变成了一张纸。”创业之初，除了气势，对资金的运用她也格外用心，她希望凭借自己的能力，实现资金最大化。

单枪匹马　勇闯外贸领域

“做任何事情都是有原则的。我在以前的公司学到很多知识，他们也信任我，支持我。客户是一个工厂或者一个公司赖以生存的基础，如果我把客户带走了，那是一种不道德的行为。所以我走的时候，一个客户都没有带走。其实他们留给我的无形财富更多，因为在寻找客户的过程中我认识了很多人。”

公司成立了，但具体要做哪些项目，钱丽还是没谱。

她盲目地穿梭在当地各个贸易城之间，走走看看，希望在这个过程中发现商机，采购到产品卖到国外去。最初，她更喜欢服装、皮革方面的产品，一来采购回来可以作为样品，二来就算没卖出去，也可以自己消化掉。她开始广泛涉猎外贸服装行业，女式的包、马甲、皮衣，甚至还有一些小的披肩、围巾，只要看到合适的，她都收入囊中。

虽然钱丽把当地采购的产品卖出国的目标很明确，但她并不知道，其实她选择了一个竞争异常激烈的行业。由于嘉兴开放型经济比较发达，从事外贸业务的创业者也在不断涌现。2008 年，整个嘉兴外贸进出口企业有 2982 家，出口金额 141 亿美元。钱丽要想在嘉兴的 2000 多家外贸企业中胜出，绝非易事。她曾经工作的香港公司规定，她离职后不能使用以前的客户资源。

那她究竟该怎么做？又发现了什么商机，一年就创造了 1.5 亿元的财富呢？

说起寻找商机，就不得不提到 2008 年创业初期钱丽联系业务的几种方式。她一方面在网上看全球的采购信息，寻找适合自己做的产品；另一方面通过各行各业的朋友介绍，让她结识了更多的朋友。虽然她离开以前的外贸公司没有带走一个客户，但通过朋友介绍，认识了一些国外的客户，并与客户在 MSN 上进行直接交流；再一方面她去上海等地参加各种产品交易会，看是否有客户想了解她熟悉的产品，从而发掘商机。

创业之初，钱丽从零开始，多次到国外和上海参加产品交易会，但她不设展位不卖产品，也不采购产品，而是四处溜达主动跟国外客商攀谈。交易会上外商云集，钱丽想通过自己的努力，去收集客户名片，拿一些公司资料。她想用这种方式，迅速建立客户群，寻找外贸商机。

在展会上，钱丽对自己不熟悉的产品加深了解，然后在她熟悉的产品展位旁观看。一旦有外国客户去咨询展位厂家信息，当他们在语言沟通上有一些障碍时，她就会抓住这个机会帮厂家翻译，与客人交谈。通过这样的方式，钱丽既认识了外国客户，也结识了一些国内的供应商与厂家。遇到聊得比较投机的客户，她甚至会陪客人一起逛展会，为他们当导游、订酒店、做交通方面的引导等。通过这些互动，她与外商客户建立了良好的关系，待下次来中国时会记得找她，或者在国内的生意遇到麻烦时，也会请她帮忙。通过一场场展会，钱丽结交到不少朋友，虽然不一定会做成生意，但朋友也是一笔财富，如果一个产品这个朋友不做，他就会给她介绍其他的朋友。有位在展会上结识的新加坡客户，竟在半夜 11 点打电话给钱丽，请她帮忙翻译。

在展会上，她还有件重要任务就是收集名片。一场展会下来，她收集的名片就有几百张。回到公司把名片整理后，她组织员工给客户发邮件，把自己的信息传递给客户，有时一天就要发几十封，但收效甚微。有时 100 封邮件发出去，最多有 10 来个人回复，大部分都采取不理睬的态度。为争取到每一位客户，钱丽十分重视每一位回复的客人。在她眼里，虽然这回复邮件的 10 来个人真正做生意的可能就一两个，但只要能抓住每一次机会，自己的生意就能做起来。于是，一收到回复邮件后，她就会用邮件或 MSN 与客人进行深入交流，一些客户提到寄送样品，她也是千方百计尽量满足。

向生产厂家免费索要样品，她开不了口，只有自己掏钱买，包括服装原料、金蓉花、花茶……再免费提供给国外客户。

但当她通过各种渠道和方式把样品从厂家拿来寄给客户后，几乎都石沉大海。一年半载都没有回应，即使有回复的，也要求提供一些检验报告单和证书，而好不容易谈到的订单，最后也因价格或者其他原因，没交易成功。半年下来，仅购买样品，她就花了近 5 万元。

此时钱丽才发现自己的估计太乐观，外贸行业的竞争远比她想象的激烈。半年时间过去了，她一笔订单也没做成，手头的5万元快要花光了。再想不出办法，公司就要倒闭。5万元钱是父母东拼西凑借来的，如果还不上，钱丽觉得无颜面对父母，再难也得想办法坚持下去。

生意冷清　偷当“啤酒妹”

“经常有人这样对她说，小妹，过来，一起喝杯酒。就觉得心里很不是滋味。我想我要加油，现在是积累原始资本的时候，自己必须忍受一下。”

眼见生意没有半点起色，投入的资金也即将耗尽，钱丽很心急。无论如何也要想办法还清父母借来的5万元钱。

2008年6月的一天，钱丽从桐乡城区的小吃城经过，看见有姑娘在推销啤酒，这让她想到了赚钱的路子——推销啤酒。

在钱丽看来，推销啤酒这件事难度不大，还有提成。当时她正处于困难时期，贸易公司也刚起步，没什么生意，平时五六点就下班了，利用晚上时间兼职销售啤酒可行性也比较高。

她打算白天经营外贸公司，晚上就到小吃城卖啤酒。但是说起来容易做起来难。当她从经销点批发了啤酒，走到小吃摊上却根本开不了口。尽管当时的公司不大，但再怎么着，她也是一家公司的老板，让别人看到，尤其是员工看到她竟然在小吃城当“啤酒妹”卖啤酒，让她情何以堪。“开始很不好意思，都不敢上去，但后来看到别人也在做。想想再怎么说这也是一门生意，就当自己做营销，自己调整好心态后，就大胆放开地开始做了。”想起当时卖啤酒的经历，钱丽十分坦然，“一般就上去问要不要点啤酒。有时会遭到拒绝，就会说先敬一杯。”别人最开始会觉得稀奇，就试一杯，但打开了是肯定要买单的。

在小吃城当“啤酒妹”，还给人说好话敬酒，这让钱丽心里很不是滋味。为了创业，为了家人她咬牙也要堆出笑脸。她从晚上八九点卖到凌晨一两点，一晚能赚100多元，多的时候能赚两三百元。卖完收摊后，她独自骑50分钟的自行车回到离桐乡城区20多公里的乌镇老家。一个人的夜路，更觉漫长和恐慌，她害怕时就自己唱唱歌，哼哼小调，或自己跟自己说话，给自己打气："快了，加油，快到了，马上就回家了，睡觉了。"待钱丽骑车到家，累了一天的她就像散了架，倒头就睡，最累的时候连脸都不想洗。她还得空出时间来回复国外客户的电子邮件，每天只能睡4个小时左右。

这段时间钱丽虽然很累，但她觉得每天有小钱赚，累了也值。两个月的时间她赚了七八千元钱。虽然每天卖啤酒卖到很晚，但第二天她照样精神抖擞到公司上班，她没有告诉员工和朋友，因为两份工作落差太大，让她有点不好意思。后来员工徐东却无意间发现了这个小秘密。

"当时因为出去玩，突然间看到她把整箱的啤酒一箱一箱往外面搬，看到之后很震惊。"在徐东眼里，钱丽文化层次很高，为创业去做兼职"啤酒妹"很不容易，也绝对没有想到她会去卖啤酒。"作为员工，挺心酸的。她帮客人端茶送水，态度好的客人还好，也有一些客人态度不太好。就感觉她心里很累，压力比较大，也很辛苦。但相信这个老板肯定有一天会成功。"

钱丽卖啤酒苦苦支撑外贸公司，她等待着属于自己的机会降临。

艰难相守　迎来事业转机

"我的两笔生意是衔接的。美方先付给我美金，蚕丝被发完以后，我再过15天给厂家付款。这个钱在我手头有15天时间。然后我用15天时间，来做另外一门生意。"

在创业道路上，从来没有什么事是一蹴而就的，总会经过无数的艰难险阻，最后才能柳暗花明。比别人多一点坚持，才会夺取胜利；比别人多一点执着，就能创造奇迹。

在钱丽一边卖啤酒一边经营贸易公司时，让她翻身的机会也正在慢慢向她靠近。2008年9月，钱丽到上海参加展会，遇到了高中同学沈方明。沈方明的出现，给钱丽带来了巨大的商机，但真正帮她走上创业正轨的却还是沈方明介绍的一位美籍华人杰森。

在展会上，杰森对钱丽的蚕丝被样品产生了兴趣，与她交流后，更感觉她的性格像男孩子一样，容易打成一片。

杰森告诉钱丽，在国外的很多亚洲人都很喜欢蚕丝被，但在国外买不到纯正的产品，一些华侨就到国内找。钱丽开始意识到自己的机会来了。从创业之初起，她就一直在寻求自己的外贸项目，虽然尝试过不少产品，但她的主旨一直没变，把自己能拿到的资源卖到国外去。在桐乡本地，蚕丝被是当地的特产，要了解起来不难，价格方面也会有优势。如果她给杰森提供产品，不仅杰森能得到货，自己也能从中赚到一些钱，是一项双赢的项目。

在钱丽老家，蚕丝被厂不少。一旦要真正去联系订作，还是要大费周章。她通过舅舅的介绍，几经转折找到一个厂家。但此时的她已没有流动资金，贸然前去订货，厂家定然会心生疑虑。鉴于自己公司小，她也十分清楚自己到底有多少家底，为了从厂家拿到货源，她自称是美国公司派到国内的采购，要采购蚕丝被，让厂家订作。因为有熟人介绍和一口流利的外语，厂家并没有过多怀疑她的身份，觉得她帮外国人采购东西还算靠谱。

可到了车间，她一下懵了。蚕丝被有很多种规格与原料，连制作工艺也有多种，产品价格也完全不一样。她随即联系杰森一一询问相关情况，可杰森对产品的了解仅限于销售时的成品，没实际生产的任何经验，钱丽也就顺水推舟邀请杰森来厂里参观。

当钱丽把杰森带到厂里参观时，厂家与杰森才真正相信她是诚心做生意的，之前的顾虑和担心也没有了。第一次，杰森订了40条被子，厂家做完之后，他们按一手交钱一手交货的形式完成了交易。至今，钱丽还清晰地记得自己第一笔成功的蚕丝被外销生意带来的利润。“第一笔生意40条被子，一条赚200元，赚了8000元。自己努力了这么久，通过蚕丝被终于赚到了钱。”钱丽心里有说不出的开心和激动，对做外贸也更有信心了。

此后，钱丽顺势推出了自己的贸易公司，将它作为国内外销采购的一个点来运营。她认为，与其跟别人说是自己做的贸易公司，还不如定位成国外商家在国内设置的采购点。这样，公司规模及人员构架才不会让人与诈骗联系在一起，而且厂家有什么事也方便找到她。和美籍华人杰森建立长期合作后，因为彼此信任，杰森都是先打款后发货，钱丽则从蚕丝被厂先拿货，15 天后再付款，这让钱丽有了 15 天的资金周转期。如何利用这 15 天实现资金最大化？她想利用手头的资金在 15 天内再做一笔生意，等这笔生意做完了，蚕丝被生意也做完了，等于一笔资金做了两笔生意。

考虑到很多外贸公司做服装比较多，做其他贸易的比较少，如果选择做服装，自己没有多大优势，还不如独辟蹊径做一些比较冷门的产品。利用这 15 天的资金周转期，钱丽开始涉足农产品，一种含黄酮量较高的保健植株金蓉花被她卖到香港，45 克就卖到 100 元左右。

2009 年，钱丽一年销售额达到 600 多万元，钱丽初尝成功的喜悦。但她做梦也不会想到，厄运会再次向她袭来。

惨遭车祸　家庭再遇变故

“我觉得自己已经是这个状况了，唯一能做的就是坚强面对。一时间身体没办法马上变得活蹦乱跳了，但是我可以给家人鼓励。我父亲接到这个消息，赶到医院看到我被包裹得已经看不出是不是她女儿。人家告诉他这个是他女儿，还给了他一个病危通知，让他签字，他当场就晕倒了。”

2009 年 1 月的一天晚上，钱丽到朋友的公司就餐，返回时走到半路，汽车突然失控撞上了绿化带，飞到对面车道撞上了护栏，翻了个个。钱丽从车里被甩了出来，顿时昏死过去。当她在医院醒来时，已经是第二天早上了。

当时的钱丽遭遇了严重多发性的损伤，除了脑外伤和胸部外伤，最危险的是一个高位颈椎的骨折脱位。如果再继发移位，她可能有心跳停止的危险。

经过 3 个多小时手术，钱丽保住了性命。但令她伤心的是，一直在杭州与她分居的丈夫，听说她出车祸后只来过一次。“那时我住院，他就走了，跟我说 3 天后会回来，结果 30 天都没回来。后来因为欠债的事情来找我，手术后再也没有出现。”想起当年丈夫的行为，钱丽满是伤心。

2009 年 8 月，钱丽和丈夫离了婚，独自抚养孩子，离婚后她又替丈夫还了 45 万元债。在钱丽最需要精神依靠的时候，丈夫再次离她而去，这让她有些心灰意冷。但一想到孩子，她仍然对丈夫留存着一丝希望，她希望通过帮丈夫还债能保留住一个完整的家。但她的付出，仍然没能打动丈夫，幸福三口之家的梦想成了泡影。看到一切回天无力时，她只能说服自己死心。但刚离婚的那段时间，钱丽“老觉得被什么压着，很难受，总希望把心头的东西掏出来，想着想着就哭”。她无法排遣心中的郁结，经常一个人跑到海边哭泣。

曾经在生死边缘徘徊，此时的她更加坚强，对家庭与家人的理解更深刻。但坚强的外壳下隐藏着女人柔弱的一面，她的内心深处仍然需要温暖与呵护。她过不去的不是金钱的坎，而是感情的坎。她那么努力地挣钱，只是想要一个美好而幸福的家庭，换来的却是失败的婚姻带来的蚀骨般的痛。

当她一个人静下来的时候，凄凉和孤独的滋味便涌上心头。她时常到海边或河边走一走，或者去山上大声呐喊，以此来排遣心里的郁结，让自己舒服一点。她有时会去看海潮，看潮水万马奔腾地涌到岸边，再一浪一浪地退下去，她想让心里的负担随着潮水一起走远。看到广阔的海面，她开导自己，觉得自己应该包容更多，应该学会放下，但泪水仍然止不住流下来。她不断流泪不断呼喊，喊到没有一点力气，喊到泪水被风干，然后不断告诉自己，一定要站起来，要坚强要走过去，一定可以的。

钱丽深深地觉得：“曾经一度自己什么都没有了，家没了，钱没了，婚姻没了。在经历了那场车祸后，又觉得生命是那么的脆弱。我突然感悟到应该珍惜自己所拥有的一切，其实我并不是一无所有，我身边有那么多关心我、爱我的人，我应该站起来，学会爱自己，也学会带给自己快乐，带给身边所有关心、爱我的人快乐。”她决定擦干眼泪笑着活下去，要活得开心，活得漂亮，因为快乐不能靠别人，只有靠自己去努力。

医药原料　打开致富新路

“一是看好它竞争力小，没人跟我争，第二我觉得自己有信心，因为这个产品在国外用途很广。我做过市场调查，一些普通的药厂、保健品厂甚至是化妆品厂、食品厂都用到了这种产品。国外市场我做了，或许还可以开辟国内的市场，所以才决定自己生产。”

生活总是充满各种变数，也正是这些变数和挑战，让每个人的经历变得独一无二。钱丽没想到自己的生活会遭遇如此多的变故，在稍有起色之际又荡起波澜。幸运的是，她挺过来了，还迎来了自己事业的又一个春天。

随着钱丽外贸生意的扩大，她想做的领域也越来越广，什么都想做。只要客户有需求，她就会想方设法到全国各地去寻找。2009 年年底，一个客户向钱丽采购一种产品——柠檬酸硼。

“当初，我听到‘柠檬酸硼’这个名字，我觉得挺生活化的。可是我找来找去都找不到它的生产厂家，感到很奇怪，总觉得自己要想办法把这个产品找到。”这只是一个普通客户的询单，也正是这个普通得不能再普通的询单让钱丽的事业走向了扩大化经营的开端。

经过 5 个月的苦苦寻找，她发现国内根本没有这种东西。她不断通过各种网站、展会，咨询做化工信息、化工网的朋友，甚至跟医药行业搭边的朋友，都联系着让他们帮忙寻找，最后还是没找到。后来，一次偶然的机会和国外一位朋友聊天，没想到那位朋友在美国念书，学的正是化工专业，还知道厂家的联系方式。此时，她才知道柠檬酸硼是一种医疗化工原料，主要添加在保健品中，治疗男性勃起性障碍。这个产品在工艺和环保要求上控制很严格，国内一直都没有厂家生产。

在对柠檬酸硼进行了一番了解后，钱丽意识到这个产品以前没有人做，自己可以趁此挖掘商机，随即她联系上了美国的生产厂家，去了趟美国。

“第一次洽谈的时候，想拿一个代理权。因为这个产品他们没有做宣传，但很多人想买，苦于没有联系到卖的地方。”而此时柠檬酸硼在国内的销售价格是每公

钱丽对医药原料如数家珍。

工厂内先进的生产线。

德国先进生产工艺。

斤1500元左右，钱丽从中看到了商机，随即买了100公斤回国。

产品带回国后，钱丽没急着销售出去，而是把产品进行了分包。因为她了解到，柠檬酸硼在保健品制作过程中添加的量很少，一般以5公斤或10公斤的少量购买，不会一次性购入大量产品。通过从国外进口再到国内分包转手销售，钱丽得到了高额的利润收益。

然而，高额的利润并未让她迷失方向。在钱丽的创业概念里，她一直觉得做贸易要发展，只有自己办一个实体，才能有更大的竞争力。她想做一个真正有实体的企业家，而不是一个皮包公司。“对于我来讲，办厂才是我真正选择创业之路的开始，是真正想要为了自己的理想而去奋斗。一个是自己心里踏实，一个是客户踏实。客户觉得你有厂，跑得了和尚跑不了庙，对你更有信心。不像开一个皮包公司，人家信不过你。”

2010年初，她通过外贸生意已积攒了500万元。此时她做出决定，再贷款500万元，把1000万元全部拿来投资办厂。

从曾经欠款500万元，到现在贷款500万元。这两个500万元在钱丽眼里有着不同的意义，曾经的500万元，逼她在异常悲痛的情况下走上了一条不情愿的路；但现在的500万元，是她自己选择的路，对金钱的欲望小了，对自己的挑战更大了，想要自己的人生更精彩。“这种心情完全不一样，一种是被逼的，一种是自愿的。有自己的想法，有自己的宏伟蓝图”。

尽管钱丽是在有规划及预算的情况下，把500万元贷款揽上身，但父母对她的抉择仍充满了担心。在父母看来，她熬到有资产不容易，一旦失败，就什么都没有了。但钱丽认为：“当我温饱问题没有解决的时候，不敢想理想，但第一次能成功以后，我想要实现自己的理想。”自己从当初一分钱没有，挣到500万元，以前行，现在也可以，就算不行，还可以从头再来。

带着“不成功，便成仁”的想法，钱丽去过嘉善、湖州等地考察厂址，因为尝到了柠檬酸硼带来的甜头，她打算实体主要做医药行业。但做医药对设备及环保方面的要求很高，她想找10亩左右空旷的土地做厂址，并希望得到政府支持。

此时，在海盐县政府机关工作的同学严克明为她带来了好消息。严克明帮钱丽物色了三四个乡镇工业区后，终于在一个镇上找到了符合她要求的厂房：集装箱车可以进出，交通便利，四通八达，道路状况好，到上海、杭州方便，投资环境也相对较好。

2010 年 4 月，钱丽在浙江省海盐县租下厂房开始做医药品原料的进出口贸易。按她预想，她想做成自产自销的运营模式，做工厂，可以进行成本控制，比自己从国外买回来再销出去，利润会翻一倍。“如果成功，我一年就能把投入赚回来。”

转投生产　迎来新商机

“大家仔细听她创业过程当中的点点滴滴，特别是她讲到自己能够在最困难的时候，还执着地走下去，继续做贸易，确实非常感动。因为每个参加会议的人，可能都或多或少有这方面的经历，但是在遇到困难时如何坚持、完善、调整思路，找到更好的发展，找到自己的路，给了他们很大的借鉴和积极正面的现实意义。”

——浙江省海盐县人力资源和社会保障局副局长沈峰

在一年内收回 1000 万元的投资，钱丽到底发现了什么商机呢？

原来，通过最开始的蚕丝被等产品的出口贸易，到后来的柠檬酸硼的引进销售，钱丽渐渐有了做进出口贸易的打算。在她看来，原来只是单纯地把中国的东西出口到国外去，如果同时能把国外有、但国内没有或者资源非常贫乏的东西，引到中国来。做到一个进，一个出，这样自己的生意圈子会变大，自己选择的范围也会变广，对公司的长远发展来说也更有利。

因为有做柠檬酸硼的成功经验，钱丽逐渐把自己的产品范围扩大，相继进口了 30 多种医药原料，而从中她又发现了一个更大的商机——微量元素产品。

钱丽之所以看中微量元素产品，一是因为这个产品很冷门，在国内稀少，竞争小，市场份额才能做到最大。常规的产品很多人在做，在别人做得稳定的时候，你再加入进去，就需要有一个摸索过程。如果自己做冷门产品，会更好做，更稳定。如硼元素添加剂，在国内甚至找不到。再者她通过调研，发现这种产品的市场需求率很高，“这些微量元素的用途都比较广泛，所以说我是有信心的，一些普通的药

对企业未来，钱丽充满信心。

厂、保健品厂，甚至是化妆品厂、食品厂，都会用到这种产品。”

看好微量元素产品市场的钱丽，此时已不再满足于经销，她还想到自己生产。

生产与销售比较，商机更大。虽然这是一个竞争力小的行业，但要进入微量元素生产的圈子很难，可能要经过3年的努力。首先要让客户认可你的产品，一些厂家在选择原料时很慎重。需要寄样品，从小样、中样、大样，再到稳定样，这个过程快的话，一年半载才会有信息反馈回来，有时甚至持续三五年都有可能。虽然这是一个比较难进入的行业，但一旦进入就会相对稳定。“这不像我们平时买一件衣服，今天喜欢这个款式买一件，明天不喜欢我就扔掉了。吃的东西特别是药物或者保健品，人们更关注，要求更高。”

虽然很难，但钱丽已然决定，不回头。

在原料生产中，她除了对产品的质量要求格外严格外，还提供了人性化的分包服务。由于原料结晶颗粒会存在不均，他们就进行颗粒筛选。大颗粒进行碾碎，细的粉末装在袋子里。考虑到微量元素的原料添加量不多，一大包打开后可能受潮，他们又进行人性化的1公斤的分包。

凭借优秀的质量及人性化的产品服务，钱丽的微量元素产品广销东南亚市场。2011年，钱丽的微量元素产品加上外贸生意，一年总销售收入达到1.5亿元，她也被评为海盐县十佳创业明星。

提到未来，钱丽说，下一步会不断创新，让公司可持续发展。公司计划继续引进德国先进的生产工艺，提高产品质量，提升产品档次。同时，将深化公司同浙江大学生物与化学系的合作，依托浙大的技术和研发优势，发挥公司的实践和探索方面的便利条件，加强理论成果的实践转化，不断开发新产品，以满足市场更多的需求，使企业在依托科技研发、提升产品质量方面取得更好的成绩。

作为创业的80后，钱丽不是温室里的花朵，她从20几岁开始背负家庭的重担，用几年时间，实现质的飞跃。她从一个普通的打工者，成长为一名有公司、有厂房、有土地的女企业家，她用敢于吃苦、懂得坚持的个性特点，实现了自己的人生价值。

创业问答

记者：选择现在这个项目时有多大把握？

钱丽：50%的把握，一半成功一半失败。因为自己学的是英语专业，这个是医药化工类的，已经是跨行。虽然之前从事过服装行业，做服装外贸，相对来说对现在这个行业不是很熟，但觉得这个行业很有前景。

记者：您做外贸的优势和劣势是什么？

钱丽：优势在语言方面，因为自己学英语，交流方面没有问题；加上我在外贸公司从事外贸的工作，有相应的经验。劣势就是我进入的行业，是一个竞争激烈的行业，可能相对来讲，自己考虑的各方面可能还不太成熟，但是我还是冒险去做了。

记者：您的创业心得是什么？

钱丽：很简单，就是跟自己说，只要坚持总是有希望的。

因为我经历过什么都没有的状态，但是我在坚持，坚强面对，努力生活，就像做事业一样，你努力就肯定有希望，哪怕你这次不成功，但你有一段创业中积累的人生阅历。如果不坚持，半途而废了，我们或许会遗憾终身，后悔当初为什么不坚持一下。有一些事情你要尽全力，哪怕失败了，不要后悔，如果你没有尽全力，在以后回忆时，你或许就觉得很遗憾。

记者：创业过程中，您最后悔的事情是什么？

钱丽：最后悔的是，我在工作上花的时间太多了，陪儿子时间少之又少。因为我的工作白天要管理工厂，晚上还有生意上的事情要做。很多时候，工作会牵绊，陪儿子的时间就少，错过了他成长当中很多美好的画面。

记者：您认为创业应该具备哪些条件？

钱丽：应该有一颗能够坚持的心，这是很重要的，选择一个你觉得把握比较大的项目，考虑得周全一点，不要八字没有一撇就上去了。

因为很多时候自己的斗志，会让你在面对困难的时候产生让你想象不到的力量，你要坚持。一颗坚持的心会让你在碰到问题的时候，会跟自己说，你要坚持，你一定行，会千方百计想办法，就有可能会成功。

记者：创业除了赚钱之外，还有哪些追求？

钱丽：其实我现在想得更多的是通过创业，实现自己的理想，证明自己的人生价值。从我大学的时候开始，我想自己可以有自己勾画的事业，按照我自己的理念去经营的事业。

但又不仅是我一个人的人生价值，还要为社会提供我自己力所能及的帮助，比如说给别人创造工作机会，比如说给一些满怀理想的年轻人提供一个平台，让他们实现自己的理想。

记者：您认为创业者应该具备的素质是什么？

钱丽：对创业者来讲，不断地总结和完善自己是很重要的。因为马云说过一句话，改革应该是从最高峰的时期开始。对这句话我的理解是，在成功的时候，你一定学会分析自己在走向成功的过程中的不足，永远要有一颗警惕的心，每一步都应该走踏实。

创业者应该有一个较强的心理素质，如果你失败了，能够坦然面对。哪怕再一次一无所有，你也可以有一颗很坦然、很平静的心去对待，不要今天我有钱我很高兴，明天我可能失败了，我就很失落。生意中有失有得，这是一个很正常的过程，必须要平和。

有聪明的头脑是一个优先条件，但也要懂得理性思维。有聪明的头脑，点子会更多，思路扩展得更开，碰到问题就更容易解决。其实对于一个创业者来说，自己本身素质在于文化，在于道德，在于各式各样生活当中每个人都具有的优秀素质。

还要戒骄戒躁，不能说自己创业，成功了就是一件了不起的事。对于创业者来讲，不管有钱没钱，每天开心生活才是真的，身边很多东西是你用金钱买不到的。

有一颗平和的心，不管面对困难也好，面对诱惑也好，你都很理智，你都会知道自己该做什么，自己在什么位置，不要好高骛远，也不要妄自菲薄，用一种很平和的心态去对待每一件事，每一次旅程，每一个人生阶段。这样你能更容易面对成功和失败，也更容易走向成功，因为一旦有些事情太激进了，会适得其反。

被一首歌打开心魔之后

10年前的山东省临朐县上寺院村，村山头种满了苹果树。苹果成熟时来自浙江的朱文就过来收购苹果。他是这里的常客，提起他，村里没有人不认识，可以说上寺院村是朱文财富的起点。可谁也想不到，就在那一年，朱文却忽然从上寺院村消失了。

这10年，朱文都做了些什么呢？

他失去了一条腿，从四肢健全到靠假肢行走；他登上了央视的舞台，用一首歌感动了无数观众；他有了一份自己的事业，4年时间把一个玻璃胶小厂的年产值提高了10倍，达到2亿元。

10年时间，朱文发生了太多改变，但埋藏在心里10年的愧疚感丝毫没有减少。这10年，朱文都经历了什么样的命运？他又有什么样的内心纠葛？

钱分平　颜志宏　文/图

从小练就的经商头脑

“我是属猴的。20 来岁的时候，叫我坐那里，时间一长，就待不住了。我想还是自己去发展一下。当时有一些朋友在做生意，我看挺好，就想自己做。就问我妈，能不能借点钱给我？ 我妈说，借钱给你拿去花掉了。我母亲以前摆过摊，有一些库存的明信片。她说我没钱，要不你拿去试试看。我当时问我妈，这个明信片，你自己都卖不掉，我怎么卖？”

山水迤逦的浙江省江山市是朱文的故乡。

从小在浙江金华念书的他，16 岁时因父亲辞世而辍学回家，后来在某电机厂加工电风扇底座。因年纪太小的缘故，他做了近半年时间，就辞了职。很快，他又靠着机灵的头脑，在服装厂找到了跑业务的工作。

第一次外出去服装店跑业务，由于什么都不懂，厂里安排了师傅带他。可当他与师傅去一家店谈生意时，师傅却让他去他们住的旅馆拿样品。待他把样品拿来，师傅告诉他谈得差不多了，不用看样品了，并借口有事离开，让他自己到处转转。他马上意识到自己遇人不淑，要学谈业务只能靠自己摸索了。

带着郁闷的心情，朱文一个人四处转悠，看到一些大的服装店，他壮着胆子自己去推销。店主看了他的货后，直言他的服装是淘汰的，“布料是淘汰的，款式也是淘汰的”，这种过时的衣服没人要，可以去乡下试试。厂里生产的衣服，怎么就是淘汰的呢？这让朱文很纳闷。但经店主一指点，他还是决定去小地方试试。

离开城市，朱文来到一个叫云梦的县城。他没想到，自己的第一笔生意会在这里做成。当他把自己带的衣服样品给服装店主看时，正好一个身材姣好的女孩来店里选衣服，他就顺势让女孩来试衣服，结果女孩一穿，效果很好。店主见衣服穿上效果不错，就立刻订了一批。为对试衣女孩表示感谢，朱文还自己花钱把那件衣服买下来，送给了那女孩，他的机灵处事让大家皆大欢喜。

尽管年龄尚小，但朱文爱动脑筋，在服装厂的业务也跑得渐渐有了起色。但他骨子里始终有点不安分的思想，照他自己的说法就是“性格属猴的，时间一长，就待不住了”。而且当时服装厂工资不高，不跑单子的时候，还要踩缝纫机。让已经24岁年轻气盛的他做女孩子的活儿，他心里很不爽。看着一些朋友在做生意，他也琢磨着去做。当朱文把自己的想法告诉母亲时，母亲倒是同意了他的想法，但也没什么积蓄给他做本钱。无奈之下，只得拿出自己以前摆摊剩下的，多年没卖出去的明信片让朱文去试着卖。母亲多年都没卖出去的东西，自己怎么卖？但没做生意的本钱，卖明信片好歹也算个生意。他看到明信片上多是明星照片，在大街上，人来人往没人会对这些感兴趣。他思量着学生对明星多少知道一些，就选定去学校门口卖，而且更好沟通。为了卖好明信片，他边卖边讲一些明信片上明星的故事，吸引了不少学生跟风来买。而卖得最好的一次是在耶稣生日那天，他拿着耶稣照片直接去教堂卖，生意异常火爆。之后，他还卖过西瓜、葡萄之类的水果，从卖服装到卖明信片，再到卖水果，一路靠做买卖养活母亲和自己的朱文，对经商有着比同龄人更深的理解。他善于挑选时机，也善于从做过的一些事中总结经验，获得启发。

苹果结下的不解缘

“我们家乡做苹果生意的都是年纪比较大的人，像我们年轻人很少。那时候治安不是很好，有一些做水果批发的喜欢到近距离批发市场，像金华、杭州。山东人把苹果拉到我们这里，比如金华批发市场，商贩就到金华批发市场买来，放到我们江山卖。我一想苹果出在山东，那我干脆去山东买吧。那里苹果刚落地，我去买过来批发，中间省了一点费用。”

1993年，朱文25岁，正是年轻人外出闯荡的好时光。“一直想走跟人家不一样的路”的他无时无刻不想着怎么挣钱。一天，没事闲逛的他在大街上遇到了一个朋友，朋友告诉他，贩卖苹果很挣钱。

朱文发现，在江山做苹果生意的年轻人很少。当地做水果批发的人，都喜欢到金华、杭州等批发市场进货，但那些地方不产苹果，苹果都是从山东运来的。一知道苹果出在山东，他就考虑不如直接去山东批发，中间还能省一点费用。

1993年10月，朱文借了些钱去山东。他先找到一家专门收苹果的采购部。采购部带他来到山东省临朐县上寺院村，找到当时的村长张照林。10月正是苹果丰收的季节，上寺院村的山头，苹果树上结满了苹果。然而由于山远地偏，没人愿意来这里收购，满山的红苹果眼看就要变成了烂苹果，张照林整天愁眉不展，唉声叹气。看到朱文的到来，张照林喜出望外，价格谈妥后，当晚就宴请了朱文。

满山的苹果，因为朱文的到来而有了着落，老村长很热情地邀请朱文喝酒。朱文第一次到山东，对当地的习俗不是很了解，没几杯就喝得烂醉。待到第二天早上，村里人吃完早饭就去山上采苹果了，张照林让朱文不必去，说村里人会采，又拉着他喝酒。他没有早上喝酒的习惯，盛情难却，就和张照林喝起啤酒来。因为有过做生意的经历，朱文越喝越觉得不对劲。他提出要去山上看苹果采得怎样了。张照林拗不过他，只有顺了他的意。

当他们来到山上时，苹果已经采了一两百箱了。朱文打开其中一箱，里面都是大大的特级苹果。自己明明订的一级苹果，怎么箱里是特级苹果？当他往采过的苹果树上一看，顿时反应过来，村民把所有的苹果都给他装箱了。为了确认自己的判断，他又开了几个箱子，发现里面的苹果大大小小都有。面对眼前的情况，朱文找来张照林，让他安排按他的采购标准采摘。他要多大的就采多大的，现在大小混在一起，他回去不好卖，说不定还会亏本。经过协商，他们以每斤苹果扣几分钱的价格结算，最后算下来，一车苹果大概要扣掉两三千元，而当时一车苹果才一万多元。两三千元在当时算很大的一笔款项，村里人都认为扣得太多，但朱文坚持自己的立场，因为在他看来“做事情就是要这样，不然得不到教训”。

当晚，苹果采摘完毕。上车前，朱文又仔细抽查了一番，苹果的品质让他很满意。上完货结账时，他对张照林说：“知道村里种苹果不容易，如果苹果拉回去赚到钱，今天的款就不扣了，我按照实价付给你；如果拉回去亏本了，是你们的苹果造成了我的亏损，扣的钱我下次找你们拿。”原本说好扣的钱居然没扣，这让村民们很意外。因为是直接从树上采摘的，色泽及新鲜度都很好，恰巧又遇到苹果销售的空当，朱文的苹果在江山很快被一抢而空，两三个小时就卖完了，赚了5000多元。这让朱文很惊喜，“我一车苹果车钱才一万多元，没想到能赚5000多元，半车苹果的钱都赚回来了。”首战告捷，让朱文对贩运苹果的生意充满了信心。他很快又赶去上寺院村。没想到，这次经历却在之后的十几年里成了一个难以解开的结。

两车苹果带来的财富

“他们一个村的苹果，村里就靠这点钱吃饭。良心不安，万一他们出了什么事情，这辈子都内疚。这种钱不应该要，当时有两种想法，一种应该看远一点，生意是要做一辈子的，不是做一次的，再者不把钱拿回去，古人说的道德观念就不在了。后来我就去了上寺院村，把钱还给他们了。”

第一次卖苹果就赚到钱的朱文，带着2万元的货款第二次来到上寺院村。他的再次到来，让村长张照林满心欢喜。因为上寺院村满山的苹果已经熟透了，再不采摘，就会掉下来烂掉。

因为有过一次愉快的交易，张照林对朱文很信任，但没想到他的一句话把朱文吓了一跳。

“朱老板，跟你商量个事儿，你帮个忙，帮我把山上六七万斤苹果都拉走吧。”原来，张照林是想让朱文把山上的苹果一次性全拉走。

“六七万斤，这么多苹果，我没有这么多钱。”朱文算算手里的钱，马上拒绝了张照林。但朱文越说拉不走，张照林越要把苹果卖给他，还告诉他自己对他很放心，“上次两三千元，你一分钱也没坑我们，你不是奸商。”这话让朱文听着很舒服，也就应承了下来。第二天，张照林就上山给朱文摘了满满两卡车的苹果。看着这么多苹果，朱文有些慌了。

因为两车装苹果的纸箱差不多花完了他带去的钱，驾驶员的运费和吃饭的钱就没有着落。眼看自己没钱了，他跟张照林商量，自己拉一车回去，另外一车放村里。张照林却不同意，“不行！放在这里要烂的，你拉走算了！”

朱文一再告诉张照林自己没钱了，张照林却说没问题，“只要你把苹果拉出去，钱我不和你计较，现在没有，等有的时候再给我也行。”

朱文只带了2万元，张照林却给了他成倍的苹果，而且临走前，张照林还借给他3000元作路费。而这3000元，张照林还不让朱文打欠条，因为他信任朱文这个人。朱文没有理由不把苹果拉回去。

因为苹果数量太大，朱文怕江山县城消费不了这么多苹果，就决定把一车苹果拉到徐州，另一车拉回江山。拉去徐州的苹果几天之后一售而空，拉回江山的苹果却滞销了，因为江山市场上涌出了很多和他卖同一品种的商贩。朱文辛辛苦苦卖了大半个月，一车苹果还没卖完。此时，朱文拉两车苹果没花一分钱的消息不胫而走。很多人劝他，“两车6万多斤苹果，买套房子绰绰有余，不用付钱给张照林了，因为他不认识你，找不到你”。朱文却不这么看，一来他觉得做生意应该看远一点，要做一辈子的生意，不是只做一次；再者是道德观念的问题，村里就靠苹果挣钱，他拉走一个村的苹果，不拿钱回去，会害了整个村子的人。朱文见江山的苹果生意进展不是很顺利，就给张照林拍去电报，告诉张照林“苹果还有一车没卖掉，估计要一个月才能到山东来，钱到时候拿过来”。此时，朱文觉得他已经给张照林一个交代了，但他不知道，这两车苹果却给张照林惹上了一个大麻烦。

原来，朱文拉走苹果后，村民找张照林要钱，知道他没收钱后，大家对他议论纷纷，“钱没拿回来，苹果却发给人家了”，而且“还不知道朱文是哪里人”，这让张照林压力很大。天一亮，他就去大关镇车站等朱文，直到太阳落山才回家。没想到，这一等就是一个月。

一个月后，朱文卖完了苹果，拿着2.3万元钱到上寺院村还账。一下车，他就被眼前的一幕惊呆了，张照林已经在车站等着他了。而一见面，他的一句话，就说得张照林泪流满面。

“村长，你做了一件很不好的事情。你太相信人了，你不应该让我赊账带回去，我才和你见第二次面，你太不负责任了。”

老大哥张照林的泪水感动了朱文。从此以后，两人结下了深厚的友情，而上寺院村的苹果更是非朱文不卖。朱文靠着卖苹果积累了人生中的第一笔钱。

一年运输倾家荡产

“我找汽车到山东发苹果，发现我们江山人做的地弹簧都送到山东这

边一个很大的建材批发市场。地弹簧，门上用的东西。当时我一看这个东西好，就自己也办了一个厂。把做好的地弹簧拉到山东，再从山东把苹果拉回来卖。赚到了一点钱，还买了个三洋的摩托车。最终却犯了一个错误。”

贩卖苹果挣到钱了。朱文相继到山东烟台、辽宁大连等地收苹果。因为要去收苹果，每次都会找车去。一来二去，他发现“江山产的地弹簧（一种液压式闭门器）会送到山东临朐一个很大的建材批发市场”，而自己正好也要去山东拉苹果，如果自己办一个地弹簧厂，可以把地弹簧拉到山东后，再拉苹果回来，这样一来一回都有赚头。

很快，朱文办起了自己的地弹簧厂。他靠拉地弹簧和苹果挣到了一些钱，还花1.6万元买了辆三洋摩托车，后来还买了辆杭州产的汽车，自己搞起了运输。本以为汽车买回来，用自己的车子来去拉货，利润上很可观，但令他没想到的是，一辆汽车竟让他在一年间倾家荡产。

因为之前没有经营运输的经验，朱文专门请了驾驶员回来开车。但新车还没用到一个月，事故就接连发生。先是去山东拉玻璃，驾驶员因长途开车太疲惫，发生了追尾事故，花了好几万元维修。不久后，又在建德撞死了人。一听到消息，朱文立即就傻了眼，“脑袋嗡一下，因为那时候撞死人，不知道赔多少钱，事故多大都不知道。”俗话说：人不走运，喝凉水都塞牙。这话用在那时的朱文身上一点都没错，撞人事故又让他赔了8万多元。

一年内出2次车祸，这让朱文始料不及。因为车是在办厂和卖苹果后，资金刚好有些宽裕时购入的，他手上剩余的钱也不多。接连发生的事故，让他不断砸钱进去，而撞人故事的8万元还没着落，自己的资金链就快断掉了，如何处理？他想到借钱。但在20多年前，普通人家里有千把块钱都算不错的了，要借七八万元，谈何容易。想来想去，他只能去借一毛钱利息的高利贷。他想先借高利贷来救急，再从其他地方收钱回来还款，但没想到“在建德处理交通事故，一搞就是半个多月。高利贷钱生钱很快，等在其他地方筹到钱付款，金额又涨上去了”。原本对车抱有很大希望的朱文不想自己靠车赚钱的财富梦想破灭，“车子才一年时间，10多万元，卖掉划不来”，他随即关了地弹簧厂，自己亲自押车，专门做运输。之后虽没再出车祸，但他发现车毛病特别多，一会儿发动机坏了，一会儿变速箱坏了……

由于车的原因，朱文欠了一身债，车况也不好，老是修车。朱文现在回想起当时的决定都一直叹息：“如果把车卖了，赔人家钱，有可能我后面不会背这么多债。”按他计算，他当时也算有几十万元，一辆汽车就10多万元，还有一个地弹簧厂。但一年下来，他不仅一无所有，还欠人家十几万元。

朱文的财富来得太快，去得也快。一年时间，他好像只是把钱放在口袋里热乎了一下，还没感觉到有钱的感觉，钱就已经没有了。一年的光景，前后落差如此巨大，这让朱文感觉很无助。就在他最窘迫时，出现了一个人，他本以为是雪中送炭的，最后他才明白，那是别人在他的伤口上撒了一把盐。

身负巨债的朱文眼见前景堪忧，准备靠继续贩卖苹果翻身。此时，一个朋友借给他2万元钱，准备和他合作做苹果生意。朱文去山东拉苹果，朋友在这边卖苹果。朋友的援助，让朱文看到了希望。当他去山东拉回好几车苹果后，朋友贩卖完一结账，只卖了1万多元。自己拉苹果的成本已有5万元，怎么会只卖到1万多元？朱文没想到，自己辛辛苦苦忙活了一阵什么也没捞到，不仅欠了张照林5万元的苹果本钱，车还被朋友以还借款为由开走了。

朱文彻彻底底一无所有了，外债竟然高达20万元，其中就有张照林的5万元。而这5万元，在朱文心里埋下了对张照林10年的深深愧疚。

一年落魄斗志重燃

“因为我掌握了一个诀窍，我去了这个厂以后，知道自己的产品能够适应市场，用在棉布上比较好，我首先在心理上就战胜了自己。原先不会跑业务，现在懂行了，一去我就到人家厂里摸。再去找那个老板，你们厂里的布那个手感我摸了一下挺好的，蓬松度非常好，如果以后你需要滑度的时候，你可以找我，我们生产柔软剂。人家听着很舒服，证明你的滑度比人家好，那行，你拎一个样品来试试看。我的机会就来了。”

生意的失败，让朱文欠了一屁股的债，不得不躲到哥哥家里，不敢出门。就连听到有人敲门，都吓得不敢出声，怕是要钱的人来了。回想起当初的欠债经历，朱文如此形容曾经难以言说的滋味：比方说，你走在马路上，走得好好的，一看前面是你欠他钱的人，你就会马上想办法，如果地上有一个缝你都想钻进去了。

一年多的时间，朱文身心疲惫，也不敢外出找事情做，他怕自己一出门做事，就有人找自己还钱，生活费就靠女朋友的上班工资1100元来支撑。但一直躲避不是办法，夏天到了，想到自己做过水果生意，可以做西瓜生意试试，但又没本钱。为了分担女朋友的负担，他瞒着她到工地上去做零工，挑砖头，挑泥土。因为他知道，女朋友“感觉男朋友蛮厉害的，以前是办企业的人，挑砖多没面子。”但挑了十五六天后，女朋友的熟人认出了朱文，并告诉了她。晚上回家，她就和朱文大吵了一架。

与女朋友吵架，朱文自己也一肚子气。再怎么自己曾经也是一个老板，放下自尊心都去当零工了，付出这么大，还被女朋友吵，这让他心里很不是滋味。恰巧别人送了他瓶酒，他拼命喝酒，喝完之后拿瓶子往头上一砸，一下子血就出来了。装两三斤白酒的瓶子很厚，但砸到朱文头上，他却没感觉到痛，只知道身上都是血。朱文用这种形式发泄着自己一年来的压抑，女朋友也一下子懵了。

女朋友的哥哥好不容易借了2000元钱给朱文，帮他做西瓜生意。朱文也指望着从头开始，但“人算不如天算”，一车西瓜拉回来，结果天天下雨。西瓜碰到雨天就开始烂，2000元的本钱，一下又没了。

20多万元的外债压得朱文喘不过气来，消极的情绪，过重的心理负担，让他时时想抽烟寻求一时的解脱，但他没钱买，只好去捡人家的烟屁股抽。无聊和空虚充斥着他的生活。他想找事做，却不知道做什么好。有一天，没事闲逛的朱文在大街上遇到了一个朋友，这个朋友在化工厂跑业务，月工资有四五千元，他曾借给朱文5000多元钱。朱文碰到他，直言欠的钱没法还，看能不能介绍一份工作给他。朋友想都没想就答应了他，朱文就这样进了化工厂。

虽然朱文是以业务员的身份进的厂，其实他做的是办事处装卸工的工作。朱文十分珍惜这难得的机会，因为自己可以挣钱了，不用拿女朋友的工资来用了。进厂时快过年了，厂里很忙，生意也比较好，朱文觉得日子又有奔头了。但让他没想到的是，年一过完，厂里生意冷淡，就把他辞退了。

朱文再一次失业了。不过这次失业却激发起了他越挫越勇的斗志。接下来的3个月里，他做起了生产布料柔软剂的业务员，一口气就做了8个厂。“因为跑业务就这样，这个厂家做好了，我到其他厂家去，就很熟练了。”朱文没想到，做其他一事无成，做柔软剂一下就成功了，他用了一年时间做柔软剂的买进卖出，从一个普通业务员做到了中间商。

在做业务员的经历中，朱文深刻地体会到了好心态和亲和力的重要性。他有自己做事的诀窍。在他眼里，“一个好的业务员走到办公室，办公室气氛就好了。你是两个企业之间的桥梁，你代表企业，不是代表个人。既然你是业务员，那就应该把自己厂里的优势告诉人家，去帮助人家。不是卖产品，而是让对方用了我的产品，能带来好处，必须要有这样的心态”。除了端正心态，朱文谈业务时，还经常和对方聊天，天南海北地聊，有时还开开玩笑。聊得多了，大家在一起就比较热乎了，并交上了朋友。只要交成了朋友，那后期的业务就好办了。尽管对方一时不会用你的产品，但只要自己努力，把产品做好了，再跟对方合作就容易多了。

靠着好心态和亲和力，朱文打开了柔软剂的销售路子。1999年的一天，老板找朱文要柔软剂销售后的空桶，并告诉他丢失的空桶按20元一个计算，而当时他一月的工资才1100元，还不够桶的赔偿金。见势不妙的朱文找来老板谈判，他想从老板那里购买柔软剂，自己再卖出去。老板一听，觉得这个方法好。但当时他没什么钱，老板就让他拿东西做担保，再进行交易。

为了能从老板那里拿到价格合理的柔软剂，朱文和女朋友商量，把女朋友的房产证拿给老板，作为10万元的担保金。当时，老板按6500元一吨结算给朱文，朱文按8000元一吨卖出，赚取中间1500元的差价，空桶丢失仍按20元一个赔偿。为了解决空桶丢失的问题，朱文找到仓库报关员，让他以1元一个的价格回收回来，如此一来，一吨分40桶桶装的柔软剂，他40元就把问题解决了。

从业务员到中间商，朱文又只用了一年的时间。2000年，他不仅还了一部分的债，还结了婚。婚后，妻子随他一起住到了厂里，但老板下起了逐客令：“你能不能住到外面去，不要住在我这里了，因为你是中间商，你自己赚到钱了，你没有必要住在我这里了。”

很快，朱文从老板那里搬了出来，自己在外租了房住。而此时很多化工厂找上他，都邀请他去他们厂里拿货，而且出货价格一家比一家便宜。他试了几家的样品，感觉不错，但真正拿货时，质量就参差不齐了。眼看事态不对，继续做下去，说不定还把自己的客户都丢了。根据跑业务时得到的经验，他意识到“产品一定要做好，产品不做好，没用，客户会丢掉；本身关系很好的，但产品越做越差，就会在人家面前矮一截”。

在柔软剂行业摸爬滚打了一年的朱文太明白行业里的规则了。与其受制于人，还不如自己做。朱文自己架起了第一个反应釜，买了设备，还找来上海、江西一带的师傅现场教学。从2000年办厂到2002年这两年间，朱文靠生产柔软剂赚了几十万元，日子也开始过得忙碌而幸福。他常常想，如果没有接下来发生的事，自己的生活将会是什么样子的呢？可惜这个世界上没有如果，他的人生也注定了要经历一番磨难。

惨遭车祸身残志坚

“我真没反应，很生气。怎么倒霉事情都让我遇上了，前几年觉得生活好一点。可能失败之后才有成功，现在想想也不后悔，什么东西都磨炼出来了，可能懂得事情也多了。什么事情也想开了，也慢慢把心态调好了。”

2002年10月1日，吃过早饭，朱文的妻子陈华仙去了一家理发店做头发，因为下午要去参加一个朋友的婚礼。中午的时候，陈华仙就给朱文打了一个电话，哪知电话接通后，陈华仙吓了一跳！

对方竟然不是丈夫朱文，而是一个陌生人，对方告诉他朱文在医院8楼，不知死活。

丈夫为什么会在医院里？从理发店到医院的路仿佛没有尽头，陈华仙顾不得自己已经有了3个月身孕，一口气跑上了医院的8楼。在病床上，陈华仙看到了血肉模糊的朱文。

原来，朱文这两年生意做得不错，想在江山开发区买块地。当天中午，他和哥哥骑着摩托车去看地，回来的路上，一辆大卡车从后面把他们撞了，哥哥当场身亡。朱文侥幸捡回一条命，但两条腿都被撞断。当时医院建议把两条腿都锯掉，妻子陈华仙强烈要求保住一条腿。手术一直持续了6个小时，最后总算保住了朱文的一条腿。

从抢救室出来，妻子陈华仙就哭了。直到现在，陈华仙还记得朱文出抢救室对她说的第一句话："没有我还有肚子里的孩子。哭什么，不要哭了。"

朱文知道自己受伤了，但没想到会那么严重，会截肢，他只感觉整个身子都痛，全身都痛，喘气都很困难。直到手术后两天，要去做体检，家人扶他，一扶起来他看到自己一条腿没了，瞬间大脑一片空白。

为保住剩下的一条腿，在医院的日子，朱文每天都过得很艰难。整个人被绑住，吊在空中，一吊就是几个小时。就算最简单的擦洗，手一碰到，一层皮就被拉了下来。再后来，他剩下的那条腿开始大面积溃烂，每天他都亲眼看到医生用刀割他腿上的烂肉。肉烂了，医生建议把身上的皮植过来，但连做了几次手术都没成功，因为细菌感染，里面骨头很难长，外面皮生不起来。两年时间里，他一连做了6次手术，换了6家医院，都没能成功。最后机缘巧合，找到一位郎中，才有幸把剩下的一条腿给保住了。

面对突然的痛苦遭遇，朱文知道，如果自己倒下了，这个家就散了。他必须要站起来。他强烈要求自己活下去，因为妻子有小孩了，有了孩子，肩上更多了一份担子，他有责任要坚强勇敢地去面对一切。然而，就在他刚刚对生活重拾信心的时候，一个电话却让他面临着更大的压力。

2005年5月，朱文做了第6次手术。就在手术的第二天，他接到了一个电话。电话里，客户王霞水训了他一顿："你搞的什么东西，这次货拉来质量这么差，用下去手感很差。"朱文一听很吃惊，他知道自己出车祸后，医药费负担很重，到各地做手术都要用钱。万一这个生意丢了，将来的生活怎么办？他向医生请求去现场看一看，医生直接拒绝了他，并告诫他："你不要命了，你腿开刀以后很容易感染，一旦感染是要被锯掉的。"医生不让自己出去，朱文就叫来了当时还是自己司机的王勇，但没想到，王勇也不愿意带他出去见客户。但朱文坚持自己的想法，他告诉王勇："你不带我去的话，明天就不要来了。"无奈之下，王勇只好在中午医生给朱文输完液离开时，把朱文背上了车。

朱文在车间巡查。

朱文经常与员工谈心。

朱文主持党支部会议。

因为才动过手术不久的缘故，麻药药效刚退，正是朱文腿最疼的时候。在车上，他把脚挂在座椅上，血往身上流，短裤都打湿了。朱文知道自己很痛苦，但如果不这样做，生意可能就做不下去了。

当客户王霞水看到朱文的一刹那，吓呆了。眼前的朱文不仅少了一条腿，另外一条腿上也都是血，手上还绑着纱布。回忆起当时的场景，王霞水还不禁夸赞朱文："朱总为了企业，为了产品质量这么执着，使我非常感慨。"

由于一直住院，朱文疏忽了管理，导致质量下降。朱文向王霞水承诺，以后一定保证质量。听到这个原因后，王霞水原谅了朱文，并让他赶快回医院。朱文坐着轮椅谈生意的事也在当地流传开来，大家对朱文的这种敬业佩服不已，都愿意和这个坐着轮椅的老板做生意。

当妻子生小孩时，他还躺在杭州医院的病床上。尽管妻子不让他过去，作为父亲，朱文还是坚持来到妻子身边，守护孩子的到来。

市长写歌打开心结

"我在想，世界上不公平的事情每个人都会碰到。这首歌对我影响很大，它改变了我的生活。既然我都能走出来，我想如果有更多的处在困难中的人听到这首歌，我想对他们肯定是有帮助的。"

躺在床上修养的一年时间里，朱文知道自己命保住了，但以后怎么办？怎么生活下去？怎么把厂经营下去？怎么继续去做生意？一场车祸让他花了四五十万，老本花完了，还要借钱，而柔软剂厂还需要大量的流动资金。他自己也不想闲着，很快又出去做生意了。

为了方便谈生意，朱文在嘉善招了六七个业务员，租了一套房子，设了个销售点。业务员的任务就是去找厂，一旦确定下来需要试样，他就亲自出马。由司机抱着他上车下车，再坐着轮椅去。当地很多老板都认识他，因为他是第一个坐着轮椅和他们谈生意的人。

2006 年，生意越做越大的朱文，忽然转向了一个陌生的行业——玻璃胶原料。

玻璃胶在建筑、装修等领域有广泛的应用，市场很大。但他并不满足于生产玻璃胶原料，他还想自己生产玻璃胶。然而，在全国上规模的玻璃胶企业就有几百家，朱文凭什么和别人竞争呢？

经过考察，朱文发现自己做玻璃胶有很大的优势。他的玻璃胶原料拉到广东，需要一个近 1000 元的包装桶，还要三四百元的运费，原料拉到广州后做成玻璃胶再拉回来，中间一来二去的运费数额较大。如果自己生产玻璃胶，那中间来回的运输成本就可以省下来，自己也可以把玻璃胶的品质做得更好一些。质量好价格便宜，性价比高，不愁没销路。而生产玻璃胶，朱文还有一个秘密。他喜欢囤货，价位低的时候，他会囤很多的原材料，等到价位高的时候，就抛出去，卖得比别人低。对顾客来讲，那是质优价廉。他的玻璃胶一经推出，大受欢迎。后来，他还专门建了一个分厂做玻璃胶。销售方法就是找代理商，他生产玻璃胶，再到杭州、武汉等省会城市找代理商专门批发玻璃胶，到处设点。到 2008 年，朱文的玻璃胶年产值突破 2000 万元。然而，虽然挣的钱越来越多，但细心的员工们发现了一个问题：这个老板从来都没有笑过。日子越过越好，朱文为什么还是不开心呢？

原来朱文“老是想着以前的事，老是挣脱不出来，心里带着恨，一种折磨自己的思想压着大脑，有个心魔，有个心结”。因为车祸的缘故，朱文的身体素质越来越差。为了锻炼身体，他到残疾人俱乐部买了几种健身器材自己练，又陆续邀请了一些残疾人朋友到他那里锻炼。后来残联知道了此事，想在朱文的厂成立残疾人俱乐部，并找来分管残联的时任浙江省江山市副市长何蔚萍来揭牌。

揭牌仪式后一起吃饭，何蔚萍发现朱文一天到晚都不笑，闷闷不乐的样子，就问起了缘由。

朱文告诉何蔚萍车祸让他失去了哥哥，他一直无法走出这个阴影。他听说何蔚萍会写歌，就顺势问她能不能写一首激励残疾人的歌曲。何蔚萍了解到情况后，决定帮助朱文走出来，想给他这种精神一种鼓励。

半年后，何蔚萍给朱文打电话，告诉他歌写好了，但不知道他满意不满意。朱文一听到消息，很是高兴，他认为，何蔚萍“作为市长这么忙，还能想到我一个残疾人的事情，把歌写好，多好的一件事情。”当何蔚萍把这首歌交给朱文的时候，朱文震惊了，“何市长，把我想说的都写出来了”。他找了一位作曲家，把曲子做好了。当作曲老师把歌唱给他听时，他十分兴奋，一下子就喜欢上了这首歌。只要有时间，他就会自弹自唱那首市长专门给他作的《半个月亮》。渐渐地，这首歌让朱文对生活的态度发生了改变，他又变得快乐起来。因为他“很烦闷的时候，大吼一声，拼命地吼，心情也会改变。烦恼用歌声表达出来，把它吼出来了，心情自然就好了。”这首歌对朱文影响很大，改变了他的生活。为让更多的人在困难的时候听到这首歌，2008 年 4 月 26 日，朱文登上了中央电视台的舞台。在现场，朱文的这首《半个月亮》感动了很多人。让朱文没有想到的是，这首歌在当地迅速流行起来，一些卡拉 OK 厅、电台常常播放这首歌。

此时，朱文开始有了一个新想法，他要拍一个 MTV，让更多的人听到这首歌。希望更多的人在心情不好时，能唱这首歌，而一唱歌就能想到自己，想到自己怎么从困境中走出来，给人一种无形的力量。为此，朱文找到了浙江卫视。

去录音棚录歌时，因为他不是专业歌手，录音师一听就给他判了死刑。“节奏、音准都不行，录了老半天都没有录好。”难道自己很想做的事半途而废？这让朱文很难过。他找来音乐老师学唱歌，音乐老师一听，也告诉他：“朱文，没用的，人家录 MTV 都是唱歌练好多年的，你这样一下子是不可能练出来的。”接连的失败激发起了他不服输的个性。他就听别人唱，找技巧，还买来复读机练。1 个月后，当他再次走进录音棚时，他已经唱得与以前天壤之别了。此后，朱文还自己出资 160 万元，做了 6 首歌的 MTV 专辑。他的专辑不卖，全部送人，只要有朋友来，就把歌曲专辑送给他们。

靠着市长的一首歌，朱文成了当地的名人。打开了心结的朱文，对生活越来越充满自信，做起生意也如鱼得水。利用自己的名气，再加上过硬的产品质量，他的玻璃胶产品一下子成了市场上的抢手货。到 2012 年，销售额达到了 2 亿元，实现了财富 10 倍的增长。而这几年，挣了钱的朱文，常常会想到一个人，一个地方。那就是张照林和上寺院村。

10 年前，朱文从上寺院村拉了 2 车价值 5 万元的苹果。由于人生历程中一系列的变故，他一直没来得及偿还。虽然 3 年前，有了钱的朱文托人还了当年的欠款，但他一直想当面谢谢老大哥。平时忙于生意，一直没有合适的机会。这次借着送记者来山东采访，朱文才时隔多年来到张照林的家中。而当看到张照林贫困的生活现状时，朱文深深地感到内疚了，流下了眼泪。

老村长张照林已然认不出朱文了。因为10年前朱文高高瘦瘦，而眼前的他，体形微胖还少了一条腿。世事的变迁，让两个10年后重新聚首的人充满了感慨。征得了张照林的同意，朱文准备把他接到江山去过两年好日子。他说，这也算弥补一下自己愧疚的内心。

创业问答

记者：您觉得创业需要具备什么条件？

朱文：创业条件每个人都有，一件事情你看起来很简单，没什么商机，但有一些人经历了，看得多了，就会从中看到商机。这还是眼光的问题，也跟个人的生活阅历有关系。

记者：您认为创业者应该具备什么素质？

朱文：诚信，这是最需要具备的。没有诚信，什么事都做不了。如果没有诚信，自己刚开始创业，就没有强大的资金。只有找朋友借或向客户赊。如果没有诚信你以后的路就没法走。

诚信这两个字很重要，所以在我办公室里，有一块匾就写着“诚信”二字。我自己，以前栽过跟头，欠人家不少钱。当时还不了，没办法，口袋里没钱怎么还人家？当时做了很多没有诚信的事情。走在大街上人家找你要钱，自己只能拼命跑。经过自己的努力后，这么多年过去了，我还是要把钱还给人家，这就是诚信。诚信是人生最重要的事情。没有诚信，寸步难行。没有诚信谁都瞧不起你。

记者：您最后悔的事是什么？

朱文：最后悔的事是书没念好。现在做什么事都要有文化，写东西自己写不了，要找人写。要学习人家的管理方式。有文化的话，把书一看，怎么管理就知道了。你自己都不懂你怎么教人家去管理。生意怎么做，要有一个雄伟、长远的思考，没文化你就搞不了。

受骗败光家产　一年绝地翻身

亏60万，被逼得想跳河，几年过后，又赚得千万财富。这种大起大落的故事，在“致富经”的节目里经常上演。当我们仰慕她的非凡成绩，翻阅她的人生经历时，却发现出现在眼前的，就是一个外表柔弱的家庭妇女。财富的天平为什么会向她倾斜？

2012年11月的一天清晨，一大群村民一人手提一袋山核桃，在章爱琳的收购点前排起了长队。章爱琳满面笑容地给每个人打着招呼。除了穿着打扮上的差异，都是同样的一脸纯朴与真诚。一个为了千元收入，一个有千万身家。一个村民说：“和她同样是女人，我做不了老板，她可以做老板。”他们之间的差距是什么？

曾经，这里的山核桃根本值不了几个钱，如今这不到15斤的山核桃仁，可以卖到上千元。难怪这些村民们看着章爱琳笑得合不拢嘴。在有“中国坚果之乡”的临安龙岗镇，同行竞争自然激烈，带领村民致富这副担子怎么就被看似羸弱的章爱琳挑着？

我们走近章爱琳，听一听她的创业故事。

谭思辰　邓贻强　文/图

寻找生意的基因

“我就看他们在收这个东西，感觉肯定好卖。反正也不贵，我就贷款2000元钱开始做。没几天就有一个过路车，他就下来要了。这个钱赚得还算不少，大概赚了500元钱。后来我们拖到外面去卖。通过这个板材，把进销的信息就搞通了。后来，我听别人说松子很好销售。”

浙江临安马啸乡，毗邻安徽省绩溪县，徽杭古道穿境而过，是徽州文化和吴越文化的结合点，民风淳朴，有着浓郁的浙西民俗风情。文字描述风花雪月，生活在这里的章爱琳却有另一番感受。家在山区农村，兄妹6个，每人只有区区2分地，全家人靠着父亲的裁缝手艺过日子。现实让她不得不左冲右突，努力向山外寻找自己的生存空间。高中毕业的章爱琳在水电站当过放炮手，在村里当过小学老师，跟着父亲做过裁缝，在供销社做过营业员……各种行业的尝试，在养活自己的同时，增长了章爱琳的见识。

养貂，让章爱琳真正走上了生意的道路。借男朋友在农业局上班的优势，她在信用社贷款2500元，从当地农场引了5只母貂1只公貂，开始了创业之路。满心欢喜的章爱琳培育爱情与养貂同时幸福地进行着，期盼这几只母貂能给她带来想象中的美好生活。

然而，刚开始张开风帆试航的小船，却被一股巨浪带入了无边的创业大海。某天早上，章爱琳照例准备去照料即将分娩的母貂，一路哼着歌的她，不禁被眼前的景象惊呆了。母貂全不见了，只剩1只公貂在栏里不停地打着转。每月28元工资的营业员，面临的是2500元的巨额贷款。全家人四处找寻，没有丝毫踪迹，确信是被人偷走了。没有土地的农民，都在打各种经营主意，以求温饱。但章爱琳此时不仅仅是求温饱了，还得还债。针对章爱琳的难题，一家人开了个家庭会，商量解决办法。最后一致决定在徽杭公路龙岗镇开一家裁缝店，帮人做衣服兼给其他乡镇家庭妇女培训，教他们做衣服。

全家上下齐努力，章爱琳不仅还完了贷款，婚后的她还有了个乖巧的儿子。就在这个公路边的店面，章爱琳收集了来自各方的生意信息。看着天天拉来拉去的木材边角料，她便打听，说是拉到临安卖给建筑工地。章爱琳一听，附近的天目山木材资源丰富，马上约了几个人运了一车板材到临安，四处打听卖家。大家在木材上睡了一夜之后，第二天全部卖完，赚了160元。她顿时大受鼓舞。做裁缝之余，还可以卖木材。

因为国家对林业的管理，她又卖起了木材的边料。这种边料本地人一般都用它来烧饭，在宁波、湖州等地却用来做屋面板，需求量很大。章爱琳把裁缝店交给徒弟打理，自己马不停蹄地往返做着边料生意。那时候去宁波没有高速，为了防止偷运，中途还有木材检查站。每到检查站，也是大家停车休息的时间。在这里，章爱琳又听到了一个信息：松子很好销，都卖得“飞”起来了。“飞”就意味着货到马上就可以批出去，转手就可以赚钱。松子是什么东西？她连见都没见过。

章爱琳叫上姐姐赶往杭州，她要看看松子长什么样。在杭州有一个批发市场，在这里，章爱琳第一次见到了松子，而且价格确实很高。在市场里她还发现有临安土特产批发部，卖一些当地粗加工的小核桃、葵花子之类的，却没有松子卖，这是个机会。检查站的信息渠道，让章爱琳很快打听到南京有华东最大的东北松子批发点。南京和杭州两地的价格差，远比做边料生意赚钱。自己只需要把生松子运到临安龙岗，稍加炒制就可以运到杭州出货批发。

通过在杭州了解的行情，章爱琳和姐姐东拼西凑了十几万元到了南京。有检查站的信息，他们很快找到了东北一家国营企业开设的批发点。第一批货被姐妹俩运到了龙岗。当地很多老百姓第一次见到松子。利用当地炒小核桃的滚筒，放进去跟小核桃一样炒。因为炒之前需要把松子砸开口，章爱琳发动全村人帮忙。那时候村里挣钱机会少，本地老老少少都到她家里，拉50斤、100斤，老人们带回去敲，全镇家家户户敲松子，给农户们也带来很大收益。这样开口的松子再经过炒制，拉到杭州卖给临安的土特产批发部。一切都如章爱琳想象中的那样发展着。几个月过后，章爱琳挣了6万元钱。为了根本解决炒制问题，章爱琳又在裁缝店旁边买了一块160平方米的地，成立公司，准备建炒制厂房，大干一场。看着章爱琳挣了钱，很多原来在临安做干果批发的商人，也纷纷回家开起了松子炒制厂。

然而，就在她卖边料，做松子，干得不亦乐乎的时候，由于疏于家庭的沟通管理，丈夫有了外遇，向她提出离婚。章爱琳这才发觉，自己在每日奔忙中忽略了家庭。丈夫生病，儿子幼小，自己都不能顾及；尤其村里人人都夸的能干女人，对丈夫来说，也是个不小的压力。

在创业路上行进

“当时房子没粉刷，什么家具都没有。我搭了一个很简单的床铺，晚上没有灯光，一片黢黑。当时感觉很吓人，我每天晚上睡在被窝里面哭。欠了几万元钱，我当时感觉好像天塌下来了。离婚了，我一个农村妇女，什么都要靠自己，感觉心里空荡荡的，一点依靠也没有。”

章爱琳和丈夫谈了3天，想让他回头。她对丈夫说，儿子才12岁，等到初中毕业升高中，我再给你们烧饭，洗衣服。现在实在是太忙了，对你和孩子都有疏忽，回头看看我们走的路，十几年也很不容易，希望你能体谅。听了这些话，丈夫哭了，说，你是没有缺点的，很优秀，但和你过日子很压抑，不快乐。1999年3月，夫妻就此离婚分手。

留给章爱琳的，就是路边这间空荡荡的厂房。房子没粉刷，什么家具都没有，她搭了一个很简单的床铺，夜深人静，屋子一片黢黑，每天晚上就在被窝里面哭。儿子跟前夫住在一起了。有一天深夜，因为父亲不在，儿子很害怕，居然披了一床被子跑了过来。章爱琳感觉世界上再也没有好男人了，对丈夫那么好，因为他有肝病，为了不让他太劳累，自己辛苦地扛起了这个家，为什么会离婚，为什么会被人抛弃？她到处借书买书看，只看关于家庭的书，她想找到答案。当时，她钻进感情的牛角尖里，一度让自己无法自拔，直到半年过后，才慢慢好转。

过日子光哭不行，她才39岁。章爱琳必须开始自己的孤身创业生活。她借了10万元买来设备，粉刷墙，准备炒葵花子、小核桃，做松子。很快村里做松子炒制的小作坊也随之多了起来，生松子的行情也在逐渐提升，获利空间越来越小。至今让章爱琳记忆犹新的是她去上海的推销经历。

南京的一家合作公司让章爱琳加工1万斤葵花子。加工好了却一直不来拉，打了很多电话，对方总是推。因为没有签订任何协议，章爱琳觉得不妙，跑到南京去一看，人去楼空，都拆走了。这么大的量要是卖不出去，章爱琳非破产不可。不光是葵花子，还有包装。看着堆成山的瓜子，她必须要想尽一切办法销出去。

章爱琳先去上海找大商店。穿了一件自己织的毛衣，带着一个小包，自我感觉很漂亮。上楼一问经理在哪里，办公室的人说不在。等了大概 2 个小时，经理回来了。听其他人叫陈经理，章爱琳也喊了一声，对方看了一眼，干吗的？想跟你合作一下。滚出去。对方恶劣的态度让章爱琳尴尬极了。这是她终生无法忘记的场面。

一年时间，在感情痛苦与生意辛苦双重交织的重压下，章爱琳还了 4 万元，还欠 6 万元。通过她的努力，这笔债来年还清也不成问题。2001 年，40 岁的她渐渐走出了离婚后的阴影，开始憧憬未来的生活。几个好姐妹怂恿她去拍了一套艺术照。取回照片一看，原来自己这么漂亮，人家抛弃我，是他看错了，如果不再找个老公就亏了。嬉笑之间，心情低落的章爱琳竟然一下子豁然开朗。还完欠款，如果儿子不反对，她还想找一个值得依靠的男人。

然而，对这个刚走出人生低谷的纯朴山村女人，噩运却并没有对她善罢甘休，再一次以更强烈的方式向她袭来，让她几近寻死。

进入深水被呛醒

“我天天去要钱，也知道一点希望都没有。给对方打电话，他们总是推说明天给你发过来，后天给你发过来。真的很绝望。我就坐河边。河里的冰也化了，冰块跟房子一样大，流来流去。我想，如果我跳下去的话，到哪里去也不知道，就不回家了。但儿子肯定这辈子也抬不起头，你母亲欠我们这么多钱，人也不知道是死是活。我们亲戚肯定会来要走我的房子，这是我好不容易造的房子。我就一个儿子，做到这个程度上，会给孩子带来一辈子的阴影，也欠了亲戚朋友一辈子的债务。他们的好心才让我能做这个事情。这样想想，我又回来了。”

经历了家庭的离散和生意的波折，章爱琳总算把自己带入了正道。像所有龙岗镇其他的炒货加工经营一样，做小作坊赚钱过安稳祥和的生活。

炒货经营是有季节性的。一般在下半年尤其是冬季最忙碌，上半年就是淡季。欠几万元债的章爱琳怎么能让自己闲下来呢。能不能在上半年找个什么生意做，做点儿倒手买卖，赚点儿快钱；到了下半年，好接着做炒货？像以往一样，她到处打探生意信息。但一无所获，身边的每个项目都竞争激烈，赢利空间不大。

突然有一天，章爱琳想起自己在南京进松子的那一帮东北人。她多次从他们那里进货，后来他们还到龙岗来过多次，自己帮了他们很多忙，大家也算熟识。能不能问一下那边有什么好的生意机会？章爱琳一个电话打过去，对方觉得也没什么好的生意项目介绍，几经考虑，问章爱琳做不做黄豆生意。东北是产粮大区，粮价历来比其他地方便宜。但是资金量可能有点大，需要几十上百万元。因为彼此打过多次交道，章爱琳对他们也很信任。

章爱琳找到哥哥和另外两个好朋友，四个人凑了 100 万，章爱琳找朋友借了 40 多万。对于浙西龙岗一个偏远小镇来说，这是一笔不小的投入。但想着趁上半年闲着的时间把黄豆拉过来一倒手，就可以赚取很大一笔利润，章爱琳内心的激情燃烧着。依照对方要求，先交 2 万元订货款。

随即，章爱琳一行 4 人，跟着就赶往黑龙江黑河找到这个东北人。对方说，这个黄豆不是东北的，是俄罗斯的，出油率更高。他联系的是一家俄罗斯驻中国的代理公司。章爱琳就和这家代理公司签订了黄豆的交易合同。按合同约定，首期需要支付 25 万元货款。

签完合同付完款之后，章爱琳他们要做的事只有等待。中俄边境风景迤逦、景色宜人，但对章爱琳他们来说，却是另一番滋味。等了快半个月了，都没有动静，章爱琳找到代理公司。对方解释说，现在黑河正是解冻期，需要等到下半年河面结冰，等冰结好了后，拉黄豆的车才能过来。半信半疑的章爱琳有几十万原在人家手上，不敢轻举妄动。但她哥哥觉得不太对劲，他们赶紧找到东北这位朋友商量。这个东北人也肯定了他们的结冰说法。此时在人地生疏的黑河，章爱琳要做的还是只有继续等待。这一等就是几个月时间，东北人给他们建议，要不，趁这段时间，再做一下玉米生意，正好有一个客户在山东需要东北玉米。

如果你遇到这种境况，做还是不做？章爱琳选择了做。她当即安排兵分三路，自己留在黑河继续等货，另两个同伴去东北玉米产区组织玉米，哥哥去山东客户那里验货收钱。这样一手交钱，一收提货，而且两边都是自己信得过的人，这种买卖该是十拿九稳的了。章爱琳又支付了30多万元货款。

玉米平安地到达了山东客户手里。章爱琳的哥哥前去验完货，准备收钱。对方却说，那个东北人欠他货款，这些玉米正好抵债。这让章爱琳哥哥傻了眼，马上打电话给东北人，章爱琳也怒火中烧，当即找到东北人，问怎么回事。东北人也一幅很着急的样子，打电话给山东粮商解释，但对方根本不听。不给玉米也不给钱。没有办法，章爱琳把哥哥和另外两个同伴叫到黑河，大家一起商量对策。

一两个月时间，章爱琳再见到哥哥时，简直有些认不出来了。从来没有出过远门的哥哥急得头发全白了，烟瘾很大的他一根也不抽了。哥哥感觉出大事了，这两笔钱都很危险。大家都在这里耗下去肯定不行。章爱琳最后做出决定，他们都有家，哥哥两个孩子还小，另外两个朋友也都有自己的家，相对来说，自己的牵挂还少一些，继续留在这里。收拢所有身上的钱，还剩大概40万元左右，章爱琳全部取了出来，把本金都还给他们了，哥哥亏了一些，另外两个姐妹还好都没有亏钱。仗义的章爱琳承担的这60万元欠款，全是她找朋友借的。

是生意就会有风险，一起做事讲求共同担当。但章爱琳觉得，因为是自己把他们邀请过来的，出了事情就应该她一个人承担。她打电话给妹妹，让她汇一点生活费过来。在黑河，章爱琳开始了省吃俭用的追债生活。

正如他们所说，2001年进入年底，黑河上的冰冻上之后，就陆续有黄豆运往中国。但每一车都不是章爱琳的。每天，章爱琳都拿着合同去俄罗斯中国办事处追债，没见着黄豆，就得还钱。人家说，去追可以，但路费得章爱琳出。章爱琳咬牙又给他们路费，结果还是两手空空。索性就自己亲自去追，到了俄罗斯，章爱琳完全蒙了，隔了一条国境，语言也不通。找到这家公司，乱七八糟，根本就是一家骗人的公司。因为是跟旅行团过去的，所以去了也不能马上回来，章爱琳就在那边到处乱转。什么美景对她都提不起兴趣，信基督教的她，最爱去的地方是俄罗斯教堂。害人的人为什么这么多呢？自己从来不害人，怎么会落到这步田地？章爱琳一筹莫展。

天天去问对方要钱，打电话，对方总说我们明天发过来，后天发过来，就这样一直拖着。

在黑河，她一待就是一年多时间了，河水解冻又复冻。周围的人都认识她知道她了，建议她走法院，看能不能解决。接到传票后，对方说黄豆没有了，能不能用木材抵。章爱琳仿佛抓住了救命稻草，接受了这个建议。很快木材发过来。一堆烂木材！律师对她说，这下你就不好办了，因为你答应了人家的条件，现在就变成经济经纠纷了。

坐在中俄边境的河边，章爱琳真是绝望了。一年半时间的要账经历，逼得她的神经一直都处在崩溃的边缘。如何面对朋友，如何面对亲人？房子一样大的冰块，在河里撞来撞去。如果跳下去，儿子肯定这辈子也抬不起头了，母亲欠了这么多钱，费尽心力才搞好的一套房子也会被拿走。孤苦伶仃的儿子怎么办？听着小孩叫着妈妈甜蜜地从身旁走过的背影，章爱琳哭了。痛快地哭了。这是她哭得最惨的一次，从这次哭了以后她再也没有哭过。她想通了，原来从来不愿意承认钱再也要不回来。她心里分明知道钱是回不来了，周围每个人问她，她都会说钱肯定会要回来。一阵痛哭过后，章爱琳明白自己要面对现实了。

第二天，章爱琳把自己收拾一新。先给家人打了电话，告诉他们自己马上回来，欠人家的钱，想尽一切办法都会还的。然后，她逐一给每一个债主打电话，给他们说，给她两年时间，在两年内，不要给自己打电话逼债，因为硬逼也没用。两年后，她会给所有债主一个交代。事实证明，章爱琳回了家，没有一个人过来向她逼债。

重回起点再翻身

“都感觉我这辈子肯定是爬不起来了。人家都这样说，我的前夫也这样说我。不管人家怎么说，我都放在心里，从来不去报复人家。我要让自己重新站起来，证明给你看。做人，不要给自己带污点。大名留不下，小名也要留一点。”

2001年年底，龙岗镇的人突然发现章爱琳的哥哥回来了，头发花白，人也瘦了几十斤，整个人变得很苍老。同去的另外两个朋友也回来了，唯独章爱琳家大门紧锁。有人打听章爱琳的情况，同去的几个人都遮遮掩掩。一时间谣言四起。有人说她失踪了，说她在外面出事了，不敢回来。

2002 年 6 月，失踪一年半之后，章爱琳突然再次出现在龙岗镇。回来的路上，她特意到新华书店买了很多书。其中有两本书对她震动很大。一本是《亿万富翁穷困潦倒东山再起》，一本是《用微笑打天下的女人》。前者给了她极大的心灵慰藉，自己与亿万财富有天壤之别；后者让她明白再苦再难，都要用平常心对待一切。一切都在章爱琳预料之中。不管她走到哪里，总有人用异样的眼光盯着她看。眼神中分明在说，这个人欠了很多钱，你们的钱拿不回去了。章爱琳总是走过去，笑容满面地说，钱，我一定会还的。困难是暂时的，希望相信我的人格。当然，也有好心的邻居们看到她回来了，送来大米白面，送来猪皮和霉干菜。

问题是怎么还钱？离开龙岗一年半，厂里的设备都不知所终，又只剩下空荡荡的厂房。现在谁还会借钱给你？唯一的办法只能是卖掉厂房，出去打工挣钱还债。就在章爱琳准备着手出售厂房的时候，上海一个原来生意上的朋友听说她回来了，过来拜访她。他的一席话，把章爱琳从歧路上拉了回来。

生意场上很多人讲究机遇和运气。其实有的所谓运气，只是你在所有的能耐和意识都准备得很充分时，可以操作某个项目，并靠这个项目翻身致富。如果没有足够的准备，人家说再多，对你来说都是耳边风，想做都没有这个能力。章爱琳准备好了。

这个朋友极力劝阻章爱琳卖厂房。因为厂房地处徽杭公路边上，交通方便，很适合做生意。一旦厂房卖了，等于杀鸡取卵，那才真的是输得干干净净。既然原来是做山核桃的，而且公司也还在，那就继续做下去，客户他可以帮忙在上海找。

如果继续小作坊式地小打小闹，一如以前那样，一年挣几万，欠这么多钱，短时间内根本还不了。所以必须把企业提升档次。章爱琳跑到工商局咨询，怎么和大公司合作？相关人员告诉她，要有增值税发票，需要一个会计，还需要一个保险柜。发票好办，会计不熟。章爱琳让工商局的帮助推荐一位会计。幸运的是，这个会计是当地一家银行行长的夫人，很能干。借此机会，章爱琳通过朋友担保，从银行贷了 5 万元。买了台烘干机后，章爱琳靠着剩下的两万多元，又拉开了场面。

山核桃品相初选。

颗粒饱满的野生山核桃。

章爱琳要做的这种野生山核桃，是龙岗当地的特产。2003 年整个临安市做山核桃炒货的还没几家。原来山核桃因为味道苦涩价值很低，基本是以小作坊粗加工为主。用水煮熟之后送到市场，后来有人制作了像炒葵花子一样的滚筒，做法也和炒瓜子一样，加糖加盐，但销量不大。此时章爱琳虽然冠着大公司头衔，但生产仍然是小作坊，家和工厂都在厂房里，几口铁锅煮煮山核桃，简单炒炒就卖掉。

通过那位上海的朋友，章爱琳找了两家公司，最后她觉得上海天喔不错，有实力，而且也在做这种品种。但是你看得上人家，人家还未必看得上你呢。天喔的做法是，委托厂家负责生产，贴“天喔”的品牌进行销售。因为销量很大，每年几百万的订货量，所以他们找的都是有生产实力的大公司。章爱琳的小作坊，根本不在考虑之列。章爱琳跟对方沟通，你们要的是好的产品，还是厂房？味道不好，房子再大有什么用？对方居然被她的气势镇住了。对她说，现在同时竞争的有五六家，你把样品拿来，如果味道比人家好，我就用你的。财富之门，总算被无畏的章爱琳撕开了一条缝，但此时，她连像样的样品都没有。

为了了解市场上小核桃的行情和味道，她跑遍大大小小的市场，花了 3000 元搜罗所有小核桃产品，每家买一包回厂里尝。结果有的盐太多，有的太甜，有的有怪味。和这么大的公司合作，必须调试出属于自己的味道。她跑到书店，买了很多关于炒制干果和干果的国家标准之类的书，还买来了电子秤。必须有精确的配方，才能有批量生产后稳定的产品。

从上海回来后，章爱琳带着仅有的几个工人，一头钻进工厂，没日没夜地炒核桃，炒出来的每一锅她都要亲自去尝。3 天时间，用掉了 3000 多斤核桃，章爱琳尝得嘴都发木了，做出来的口味还是不好。第四天，由于品尝太多，身体太累，加上压力也很大，章爱琳的嗓子都哑了。为了做出合格产品，员工也没怎么睡觉，连夜烘焙。突然，一个员工急匆匆地跑来大喊：好了，口感好了！拿了一颗给章爱琳，但此时的她嘴里已经尝不出任何味道了。结果一直等到下午，她不停地喝水，终于尝到了味道。味正，不苦涩，略带甜味。成功了。当天晚上，章爱琳直接把做出来的样品送到了上海。

同时参与竞争的其他几家公司，都没有像章爱琳这样重视的。他们用传统的做法，每一锅出来尝，配料也都很随性。章爱琳却用电子秤把每一次的配方都记下来，1克都不能多，也不能少，所以做出来的口味恒定，而且无涩感。这个配方，章爱琳一直用到今天。

样品经过比较，对方很认可章爱琳做出来的口味。这是一份金额500万元的合同。拿到合同的晚上，章爱琳把儿子叫了来。儿子，我们成功了，我们从此以后不会再苦了，我们出头了！

因为全是手工，章爱琳马上招募当地村民，工厂下面一层坐得满满的，都是给她敲小核桃的，从早到晚通宵达旦地敲。每天1车，1个集装箱。这下让周围的人眼红了：这个章爱琳怎么回事，生意这么火爆。章爱琳开心极了，终于站起来了。每天晚上基本上两三点才睡觉，不知疲惫。看着这么多工人，天天想着他们也可以挣些钱了。从未有过的成就感和满足感涌上章爱琳的心头，顿时让她百感交集。她说，如果中央电视台采访她什么是幸福的话，她会说，她就是世界上最幸福的人，因为终于站起来了，失败并不可怕，只要自强自立，永不放弃，还是可以重新站起来的。

这一年章爱琳做了近2000万元的销售额，纯利润就有200多万元。所有债务加上利息全部还清，还加建了新厂房。

人生就像坐过山车一样，被骗几十万苦熬的日子还历历在目，一下子又快速起来了。刚回来时，打开电视，一看到黑龙江电视台的标志就伤心的她，现在也慢慢地调节自己，可以接受了。因为那也是人生的必然经历。

章爱琳的崛起一下子带动了山核桃的热卖，山核桃一下子成了抢手货，每年9月份收获的时候，早上5点，村民就争着上山抢收山核桃，生怕晚别人一步。11月份，章爱琳就定点收购。看着章爱琳如火如荼的生意，同行通过各种渠道打探她的配方，甚至还要银行信贷员去打听。靠这个发家的宝贝，章爱琳自然说什么都不会给。2005年，生意越来越好，她却感觉危机重重。你不给配方，毕竟是同行，人家也能通过其他渠道获得。一时间，整条街一个月就涌现出十几家炒货厂，不少厂家也开始和上海的这家食品公司合作。原来是客户先付一部分款给章爱琳，现在却要押款，她感觉竞争的压力越来越大。

日子虽然比以前好过了，但起来了，就不想再次被打趴下。章爱琳无时无刻不在寻找新的机会。

团圆仁里大乾坤

“自从省委书记来了以后，给我返回来的信息就更多了。我感觉大家非常喜欢这种产品，觉得很有市场了，我就开始投入。这个‘团圆仁’名称也很完美。团圆仁的投资很大，员工的培训、诚信先不说，从原料筛选，再到每一个环节都得精挑细选。”

竞争的激烈，让章爱琳每天都在厂里转来转去想新招。产品销售明显不如以前了。每天转来转去，核桃还是那个核桃，设备还是那些设备。

2008 年 9 月的一天，工人正准备扔掉一筐泡水的核桃，章爱琳看着可惜，就试着用锤子敲开看看，没想到这一敲却让她大吃一惊。因为核桃泡水之后，里面的仁膨胀了，而且还不易碎。章爱琳敲了几个，整个都是圆的。这在平时靠运气才能做成的事情，一下子出来了这么多。圆圆的，很可爱。山核桃外壳坚硬，之前都是敲碎了卖，从来没人做过圆核桃。这里面有没有商机?

这几个圆仁被章爱琳放在办公桌上，每一个到办公室来的人，都觉得很惊奇，问她这个是塑料艺术品吧？当得知这是真的时候，大家都觉得好看。看着每个人的表情，章爱琳觉得有市场。

章爱琳马上做出了决定。因为太易碎，她就把它们经过紫外线消毒后放在罐头里面，一层圆仁，一层纸，一层一层放起来很漂亮。一个质监局的朋友正好过来，很喜欢。章爱琳说，我准备做这个产品，你给取个名字吧。他脱口而出，团圆仁。他说团圆，是中国人最喜欢的团圆文化。拿着这两瓶“团圆仁”，章爱琳去参加一次展销会。当即被围得水泄不通，每个人都觉得稀奇。一斤干果 58 元，那一瓶就卖 80 元吧，不曾想立马就被人买走了。

回来以后，质监局这个朋友告诉章爱琳，赶紧去注册。章爱琳不仅注册了，还申请了专利。这时候，上海第一食品商店听说了这款产品，也派人找到这里来了。他拿出来尝了一下，马上说，这个我们要做，你们随时都可以进去。

让章爱琳打开知名度的还是时任省委书记的赵洪祝来龙岗考察。临安市委书记想到有小核桃，龙岗党委书记又马上想到章爱琳的“团圆仁”，叫她准备一下。章爱琳立马安排剥，结果剥出了50斤，经过加工后，不到8斤。装在瓶子里，给省委书记送去看。下午四点钟，龙岗书记打电话给章爱琳说，大家都很好奇，称赞龙岗人民的智慧、力量被开发出来了。省委书记问价格，我说每斤128元。他说低了，这么好的东西跟工艺品一样，雕刻出来的，这么漂亮，名称又好，团团圆圆，谁都愿意团团圆圆，卖得太便宜了。

挂果的山核桃是龙岗的一道风景。

省委书记来了以后，接连给章爱琳返回来很多信息，大家非常喜欢，她感觉很有市场了。章爱琳开始布局自己的产品。她把产品分为“小三仁”：专门针对高端客户的“团圆仁”，专门针对白领中产阶层的“富贵仁”，专门针对大众消费的小核桃“幸福仁”。细分市场后，各种产品都在各自领域里借“团圆仁”的招牌，迅速打响了市场。

工人们正在分拣山核桃仁。

2012年11月，章爱琳成立了小核桃的创新领导小组。由临安市科学家和工程师协会、浙江大学联合攻关，解决小核桃剥仁问题，这样就极大地保证了山野味的营养价值不流失。

现在章爱琳已经有3家分公司，每年产值3000万元以上。打得响的品牌、山核桃资源的优势，再加上多年的技术积累，她俨然已成为了山核桃产业的领头人了。

创业问答

记　者：当时选择这个创业项目多大把握？

章爱琳：当时选这个项目时很苦，没有退路，只能往前冲，自己心里也没底。因为我当时被骗了那么多钱，只能坚持往前走。我相信自己肯定会做好，四面八方调查，然后很多同行那里去拜访，向他们学习，就这样开始的。临安山核桃也是全中国最好的核桃，又是本地的土产，会很长久，既然我生活在这里，把这个产品做好，做精就行。

记　者：说一下您的创业心得？

章爱琳：给我感受最深的是，不管你遇到困难还是失败，无论如何都不能放弃，失败是成功的开始，总结失败的经验。当你自己失败以后，失败应该不是别人把你打败了，而是你自己打败你自己。思考更多的是，我接下来应该怎么去做，这样你肯定会成功，因为你已经失败过一次，已经有很丰富的经验。所以每个人如果遇到跟我同样的困难，应该总结你的过错，批评你自己，而后改正你自己。

记　者：在创业过程中，您最后悔的事情？

章爱琳：最后悔没有分析我资金的安全。自己着急挣钱去还债，没想到最重要的是自己资金的安全。你要想创业，创业肯定有资金，需要把资金保护好。

富家子遭受败家之名后

穷人的孩子早当家。“穷人”的概念，一种是生在了困难家庭，另一种是家境由殷实中道衰败而变穷。由俭入奢易，从奢入俭难。后一种“穷人”意味着要翻身更不容易。浙江乐清人潘志，就属于后一种。

从衣食无忧，到一无所有，再到日撒万金，再到一无所有。这样如过山车般的经历，对任何一个创业者来说，都是恐怖得不敢面对的事情。32岁的潘志，颜面上还略显稚嫩，丝毫看不出这些事情从他孱弱肩膀上碾过的痕迹。这过往的一切对现在的潘志来说，有如寸虫，弯曲身体，是为了把下一步走得更远、更好。我们不禁慨叹一个少年的坚韧，又感谢他能提振众多创业者的激情。

记者的采访，是潘志难得的放松机会。这么多年绷紧神经的努力打拼，昏天黑地的疯狂享受，成熟老练的经营策略，他需要有一个机会来检视自己的过去，与父母、朋友交流，感恩各界的扶助。

郭佳蓓　刘杰　文/图

家境中落， 辍学被父责罚吃苦

"父亲说帮他没多大用，但是我觉得我能尽一份力量。所以我那时候也很拼命，跟工人吃工人睡。车间里一些事情该做的我都去做。刮风下雨，骑着一个小三轮出去拉货。工人半夜三更不肯去，我就去。父亲他还是很疼我的，他只是想看看我到底行不行，能不能吃这个苦，也算是一种锻炼。最后还算好，在这个环境我干了两三个月。"

"家里现在不如以前了，你要懂事，能省就省一点。"当做房地产生意的父亲潘阿叨说出这一番话时，潘志愣住了。富家独子，从小到大，花钱从不问由来。父亲在家里也从来没有用这种语气跟他说话。在潘志眼里，父亲这几年的表现明显不如往年欢快，人也衰老了很多，倔强的他不到最难关头是不会说出这种话的。潘志觉得，父亲之所以选择这时候告诉自己，一来是因为自己长大了，需要承担起家里的责任，二来家里的经济状况已无法供养他的学习和生活了。

在母亲那里，潘志得到了答案。父亲做生意把钱赔光了。母亲把事情从头到尾大概讲了一遍，潘志听着心里特别难受。听母亲讲，13 岁就外出闯荡的父亲，吃过不少苦，卖过木材，搞过建筑，干过各种各样的行当，40 年来哪里有工程就住在哪里。生意亏钱的这几年他是怎么过来的？和母亲长谈之后，潘志顿时觉得自己太不孝顺了，花钱大手大脚，甚至挥霍无度，真是太不懂事了。他找到父亲，想帮助父亲经营在嘉兴的羊毛衫厂。父亲却很淡然地对他说："没事，现在家里还有足够的条件供你读书，只要你把书读好就行，其他家里的事你们不用管。"

家庭的这种境况让正在上大学的潘志上了心。家里就两个男人，父亲和自己，姐姐是女孩子，妹妹还小，母亲是农村妇女。家里的重担不能只让父亲一个人扛，自己也有责任，应该在父亲身边帮助他。儿子能有这种想法，按理来说当父亲的应该觉得欣慰。但是潘阿叨一听，立马暴跳如雷。从小到大，吃了太多没文化的苦，父亲对文化知识有一种刻骨铭心的向往，他不能再让下一代走他的老路。"你要是不读书，我就不认你这个儿子！"接下来的日子，父亲再也不和潘志说话，甚至连看都不看他一眼。

倔人遇犟牛。父亲冷淡的态度非但没能让潘志回到学校，反而激发起了他的反抗思想。他觉得以目前家庭的状况，自己最应该做的事情，不是去学校，而是帮助父亲走出困境。你让我读，我就不去，你给我学费，我出去玩。潘志索性溜回老家去，天天跟村子里的一帮小青年混在一起。潘志意图很明显，你是想让我变坏还是待在你身边？为了不读书回家帮父亲做事，潘志可谓是煞费苦心。父亲的一番良苦用心，早被潘志的犟劲抵得面目全非了。这样的日子，父子双方僵持了 4 个多月。

面对这样的情形，母亲受不了了。孩子整天跟一群小流氓在一起喝酒、打架，不得了。被逼无奈，父亲也只好答应了。你不是要帮我吗？我就让你感受一下帮我的滋味。父亲不允许潘志跟他们在一起吃饭，也不准睡在家里，你要当工人，就跟工人吃，跟工人睡。工人干什么你就干什么，工人不愿意干的，你也得干。父亲希望用这种苦，让潘志知难而退。

哪知潘志却吃了秤砣铁了心。多年养尊处优的生活，并没有让他面对困难后退半步。你用吃苦逼我走，我就吃苦给你看。潘志开始没日没夜地干，跟工人吃跟工人睡。他希望做给父亲看，告诉父亲，我可以帮助你！刮风下雨，潘志骑着小三轮出去拉货，工人半夜三更不肯去，他就自己去。那时候公司门口有一个斜坡，潘志骑着小三轮去拉货，回来时，有时候货太重根本上不去。斜坡对面是一条河，好几次都差点冲进河里。大冬天刮风下雨很冷，工人睡觉不愿意出工，都是潘志去，叫一声就走。在这样的日子里，觉睡不踏实，很容易醒，也很容易睡着。这个习惯潘志一直留到了今天，躺下就睡着，说起就起。

就这样，3 个多月后，看潘志做事如此卖命，父亲对他的态度也发生了转变。慢慢地，一家人能在一个桌子上吃饭了，潘志也开始在家里睡觉。

父子没有隔夜仇，其实两方都没有错。父亲想让儿子多读书，儿子想帮助父亲做事。几个月的磨炼，已经成了没法改变的事实了。大半学期都已经过了。父亲看到潘志做了很多努力。既然已经选择，就没有回头路。父亲开始带潘志出去跟客户接触，学习做生意的方法，怎样跟客户谈事情等。一些客户谈得差不多的时候，叫儿子去谈判，去锻炼。潘志觉得特别开心，父亲终于理解自己了，接受自己了。

改造机器发财，年少轻狂败家

“那段时间腰不好，医生说不能做，就休息了一段时间。这段时间人也就放松了下来，很多朋友过来看，说你把自己弄成这样子干什么，你现在缺钱吗？ 钱挣了又不花，你让自己轻松一点不行吗？ 我感觉从来没有这么多钱在自己口袋里，现在厂里生意也这么红火，自己几天不管事，工厂里也运转正常。多请一个工人，何必辛苦自己呢？ 就这样，惰性出来了，后来开始出去玩。吃饭或者住宿也开始有要求了。一顿饭1万多块，甩出去就甩出去了。那时候都是用现金，觉得挺帅。”

在一年的时间里，潘志跟随父亲在各个客户之间联络、商谈，父亲也看到了潘志为人处事的态度和学习的钻劲，觉得他可以承担企业经营的担子，自己也要开始新的生意了。第二年，父亲就把厂交给了潘志管理，并对他说：“我相信你，你也不用把它发展得多好，保持现有规模运作，让我没有后顾之忧就行了。”父亲的表达并不温馨，潘志听来却是心花怒放，因为这是父亲对自己能力的一种肯定。

得到父亲认可的潘志，激情四射，斗志昂扬。自己终于能做主掌握一家企业的经营了，他很兴奋。他希望在父亲的基础上，做一些新的东西出来，把厂子做得更大。在嘉兴，做羊毛衫厂家很多，竞争越来越激烈。潘志一直想能不能做点其他的产品。有一天，一个朋友来潘志的公司玩，问他的机器可不可以试一下做做他们的布料，他们一直找不到这样的厂子。那个利润好，又没人竞争。潘志一听，我能行吗？朋友说，我看你这个机器是一样的，应该行。当即，朋友就给了潘志一点货，让他试一下。潘志一看，就是灯芯绒，这种布料刚开始在市场上畅销。为了穿着舒适，从布料到成品，它必须经过砂洗机进行软化。

然而，用于洗羊毛衫的机器用来软化灯芯绒，光滑面的手感一直不好。既然很多厂都做不出来，说明这个钱不是那么容易挣的。一开始潘志想是不是原料的问题，找到厂家一看，没问题。潘志一天到晚就围着机器看，理不出头绪。突然他发现转筒的砂洗漏水孔是反过来的，是反面摩擦，如果把它翻个面呢，不是摩擦就更大了吗？潘志马上给设备厂联系，对方说反过来很简单，用开孔器从里面向外开孔就可以了，免费给你打也没关系。结果改造了之后，问题马上得到解决。这个朋友的业务量不大，完全无法满足潘志厂里的加工量。朋友就告诉他这个布料的原料基地。潘志立马跑到基地厂家去招揽生意。一家有代表性的厂家派了一个经理过来，让潘志当场做个样，一看效果很好，直接叫人把厂里的货赶紧拉过来。这样，整个厂一下子开始忙起来，越来越忙，因为这家厂有代表性，很多类似的厂都跟着他们过来做。潘志的生意一下子变得很红火。货车一天往厂里拉几十吨，忙的时候几百吨，厂房的空地被利用起来了，堆得连工人都进不去。

生意的红火，对潘志来说意味着工作的辛苦。自己开车、拉货、搬货。每个布料六七十斤，一车要装上百个，一个人装上去，卸下来。而且衣服很脏，到处都是毛、灰，潘志心里却很兴奋。可是，突然有一天他起不来了，被送到医院时，医生问他多大年龄，潘志说 24 岁。医生说，你这身体没有 40 年是折腾不了这样子的。原来潘志颈椎、腰椎都不好，因为劳累过度集中爆发了，起不来的原因就是腰椎间盘突出压到了神经。医生千叮咛万嘱咐，叫他不能再做重活，扛重东西了。

3 个月时间，他挣了几百万元。父亲不在身边，赚来的钱都放在自己口袋里，也没有其他投资的想法，潘志最大的乐趣就是天天没事数钱玩。加上腰的问题，潘志只能强行让自己放松一下。很多朋友看着他痛苦的样子，都觉得他太卖命了。钱挣来了，身体却不好了，说他不懂生活。在家休息时厂里生意照样红火，一切运转正常。有钱多请一个工人，装车、卸车，何必自己干呢？潘志想，也对。他立马去招了几个工人和司机，把自己原来的工作接替了。这样，潘志彻底把自己变成甩手老板了，偶尔去厂里看一下。

惰性在年轻的身体上潜滋暗长。潘志慢慢地开始出去玩了，因为钱来得实在太多太猛，潘志对吃或住也开始有要求了。以前躺在货上就睡，饭端过来就吃，现在一顿饭动辄 1 万多块，还是甩现金，他觉得自己很帅。总之什么东西不买对的只买贵的。

浙江海宁有一家很豪华的 KTV，潘志和朋友们一进去就要求服务员开一个最大的包厢，再来 10 箱啤酒。吓得服务员愣住了，10 箱？当地人出来唱歌，喝酒时都有一种习惯，四个人进来，一般就给 4 瓶啤酒，喝完再拿 2 瓶。都是论瓶算，从来没有人说10箱，10箱就是300瓶，还只有这几个人。服务员一看，立马通知经理。经理一看这个架势，断定这几个人是来找事的，根本不是来玩的。但这对于潘志他们来说，是一件很正常的事。因为经理的担心，酒一直没送过去。潘志火了，把你们经理叫过来，是嫌我们没钱吗？说着从口袋里甩了1万元出来，叫服务员先把单买了。经理跑来一看这阵势，知道遇到玩主了。上酒之后，还陪了很久。四个人把酒全喝完了。这样一来二去，就和这家KTV经理混熟了。潘志一不做二不休，干脆把这个包房包了。“如果哥几个中有人来玩，你就开，没有人来就按最低消费算在我账上就行了。”

花天酒地与无度的挥霍，对年少轻狂的潘志而言，完全没有任何异样的感觉，他觉得这些都太正常不过了，能花也能赚。天天如此，对厂里的事就基本不闻不问了。毕竟，潘志拥有的核心技术也就是正反打孔的简单事情。看着潘志生意如此红火，同行哪有不眼红的。越来越多的竞争者如草原鬣狗般围了过来，撕扯着他的业务。此时的潘志却觉得，我有这么多的客户，给你拿走几家就拿去吧。

两年过后，当潘志感觉到账上的钱越来越少，生意越来越差，真正有压力的时候，睁着酒精熬红的双眼想起来再搏一下，社会已经淘汰他了。现实告诉他，你出局了。此时，父亲能做的，就是过来帮潘志收拾残局，卖设备。

下着小雨的夜色昏暗，潘志黯然地走出工厂，一切恍若梦境。说起这段经历，潘志并不后悔，“走的那一刻我也没有否定自己。因为毕竟曾经很努力地去做了一件事情，而且做得非常好。我检验了自己的认真，能吃苦”。

成长从失败开始， 创业是条不归路

“吃喝玩乐，也没有太多心思放在生意上。到最后觉得钱越来越少了，生意越来越差，感觉有压力的时候，想再起来搏一下，已经晚了，市场已经淘汰我了。倒下来后，老爸过来帮我收拾残局，把设备卖掉。心情很难过，觉得挺凄凉。自己心里很郁闷，因为那时候想不通，到底怎么回事。”

“败家子”的阴影一直笼罩在潘志身上。

创业似乎有点像赌场。先尝着甜头，最终的结局却让人血本无归。但这种局面对初涉商海的潘志而言，却是最好的创业经历。

儿时的稚嫩，年少的轻狂，这些都是每个人必有的经历，只是表现方式不同而已。从小到大，潘志无忧无虑地成长，一切都按着自己既定的路线发展。直到父亲的生意出现波折，往日的风光不再，才让他不顾一切想要出头。潘志没有料到路途比自己想象的要艰难得多，但他实实在在地挺过来了，拉货的三轮和无数个送货的冬夜都可以证明。顺境中成长起来的潘志身上并没有纨绔子弟的娇气和懦弱，他有真正想让自己成长起来的决心。毕竟创业并不只是一门心思的闭门经营，它是立身于社会大环境之中的经济活动。所以，必然的过程需要企业经营者认识社会，认清自己，明辨是非。

一心想独立做事，却遭遇如此“滑铁卢”，潘志也有些茫然。当潘志仍然沉浸在自己构想的希望之中时，父亲把他从厂里拉回来，想让他去养猪。潘志无法接受。因为养猪在当地是最没用的人干的事，说人没用就说他最多能养养猪。潘志觉得父亲太小看他了，自己真的差到只能去养猪的地步吗？干点别的，好像还是对自己的尊重和认可，去养猪，就意味着有点没用的意思了。看父亲充满鄙视的眼神，能养猪就不错了。

潘志觉得自己根本不可能干这种事情，一是不会做，二是如果真的去养猪了，将来还怎么在这个社会上立足。朋友要是知道自己要去养猪，还不得笑个半死？再怎么说，自己很有能力，把以前所谓失败的事情，还可以重新把它做好。

父亲仿佛看穿了他的心思。知道潘志并不是看不起养猪这个行业，而是放不下面子。父亲对他说，我要去进一批种猪，你顺便跟我到人家的猪场去看一下，如果你觉得行就做，不行也不强迫，你还是回去做你想做的事，我们都帮你，父亲这种语气打动了潘志。

一路上，潘志想着养猪的场景。很臭，很脏，根本不是人干的事。到了猪场，看到老板开了一辆奔驰过来。养猪的还开奔驰？这让潘志有些惊讶。他的印象中，养猪的骑三轮车就不错了。老板过来以后，直接叫他们去猪场。潘志还准备去开车，老板说猪场就在后面。就在后面，怎么一点味道都没有？潘志想。原来邻居养一头猪都臭得不得了，这老板可是养了几万头猪。一路走来，一路听老板介绍。

进猪场之前还得洗手、换衣换鞋。这是养猪吗？这给潘志极大的冲击。中午，老板带他们去吃饭，不是去大酒店，而是去他们自己猪场里面的食堂。吃着他们工人做的菜，养的猪，还有鱼池的鱼。潘志没有闻到臭味，反而觉得饭菜很香。一边吃，还一边兴致勃勃地问老板。老板乐意打开话匣子，说到他年轻的时候从几头猪开始养，就养到现在这么大了。潘志顿时觉得养猪发展潜力很大，如果努力也可以让自己有所作为。气盛的潘志当即对父亲说我不走了，你回去把行李给我拿过来吧，我先在这里学习养猪。这正是父亲想要的结果。

在这家猪场学技术的时候，潘志昔日的犟劲又来了。因为猪场管理很严格，每天早上必须进猪栏，下午5点钟出来，午饭由外面送进来，在猪圈里面吃。在猪场待了几天之后，潘志对什么都感兴趣，学东西也很快。学阉猪，一般人一个星期才学会，阉得不好猪受感染会死。潘志只用了两天时间就阉得很好，伤口小，手法很准。

从一个年轻人的角度去对待自己突然暴涨的财富，年少轻狂是能够理解的。如果你认为因为办砸了一个厂子，对潘志来说有刻骨铭心般疼痛的话，那就错了。对他而言，这种种经历只是找到一个安顿自己的借口，他始终在以自己的方式存在。正如张国荣一首歌中唱到，“我就是我，是颜色不一样的烟火。”

“高富帅”变身猪倌，养猪路上求真经

“有很多东西不断冲击心灵，就会刺激到自己。你对着一群动物，晚上没人的时候，跟他们聊聊也没关系。我觉得我爸应该也是看到这一点，他觉得你自己去总结，应该能想得通。因为以我的脾气和个性，不是属于非常悲观、遇事走不出来的人。他觉得他给我这么一个环境，把我引到大路上了。领回来之后，这条路还得我自己走下去，他不可能永远扶着我。”

3个月过后，潘志幸福地押着种猪回来了。昔日的朋友蜂拥而至。“哟，真的

养猪了?”潘志的耳朵里听出朋友们的声音很别扭。一贯受人追捧，却因从事的项目无法让人待见，甚至有的还“猪头”、“母猪”之类地叫，这让潘志无法接受。心里一直就绷着低人一等的弦，突然连一起出去玩的兴趣都没有了。开个玩笑还能接受，但这种明显看不起人的刺耳话语，真的让他有点崩溃。这是一种被人抛弃了的感觉，人情的冷暖让潘志觉得很寒心。

父亲每月只给他3000块钱工资，这点连烟钱都不够的收入，更谈不上一如往日甩开膀子花钱买单了。几个月下来，朋友们感觉潘志不像以前了，一些略带瞧不起的脸色就显现出来了。潘志心里难受，他不知道这些想法跟谁去说，还是待在猪场最舒服，跟猪在一起，跟猪讲话，发泄。如此一来，潘志觉得自己很幸运，有种环境供自己宣泄怨气，想想自己以前的事情，规划自己将来的事情。

闷在猪场里的潘志，即学即用，一心都扑在了猪身上。哪个地方少人就顶上，产房缺人上产房，保育室没人上保育室。母猪配种都可以上，因为配种需要有很强的理论知识，有的人半年都掌握不了。看产房也讲技巧，小猪最后断奶率高不高，都需要技巧。产房这么吵，大家觉得潘志在产房里肯定睡不着。有激情的他，一直都是兴奋的，没有半点睡意。躺进产房觉得时间过得很快，哪头猪要生了，去看着；小猪生出来赶紧护理，刚出来会冷需要把保温做好；猪不吃奶，就得扶着它一直对着奶头，让它把味留在上面，下次就能自己找了。潘志专心致志地做着养猪场的事情，时间感完全不存在了。

随着时间的流逝，猪场的工作让潘志改变了很多。他一直认为，直到现在最开心的经历就是待在猪场的日子。每天安静地对着小猪大猪，照顾他们。没有其他的事可以想，人就从浮躁中安静下来。

在记者的采访本上，记录着潘志这样一段回答。在这种家庭环境里成长的人，于父于子，都会有自己不同的理解和感触。当问及在猪场时潘志与父亲是否有过交流时，他说：“没有。我爸给了我一个环境，给了一个让我去想的机会。因为那时候我比较脆弱，哪怕有人关心我，都会感觉你是不是看不起我，我需要这种关心吗？我觉得我爸应该看到了这一点，他觉得我应该能想通。因为以我的脾气和个性，不是属于非常悲观的人。他觉得他把我从另一条道上领回来了，这条路还是我自己去走。我感觉这样就很好。”

两年时间，猪场达到了上万头猪的规模，年销售额达到3000万元，被国家农业部评为标准化养猪场。面对这样的成绩，潘志心里却有另外一番想法。20几岁的人，人生不可能永远在这么安静的环境中度过，潘志认为，现在的安静只是让自己停顿下来，总结过去，而不是一辈子躲在猪场里面，那是一种逃避。进猪场是一个转折点，又必须把这个点做好，给家里人一个交待，现在是出去的时候了。潘志选择和父亲面谈。

父亲自然不同意，一来他觉得两年时间对潘志的磨砺还不够，不足以去迎接新的项目；二来你在猪场做得好好的，自己也50几岁了，再过几年要退休，你把这个事情接下来。父亲稳妥的安排，再次受到了潘志的冲击。但此时的他，已然不是两年前的潘志了。从心智到策略，他完全可以开始驾驭自己了。潘志摆出了自己的理由，现在亦步亦趋地跟着父亲，今天做这个，明天做那个，非常死板，如果以后用这些东西面对多变的社会，还是无法应付自如，自己必须要去更大的空间锻炼自己；另外，父亲留给他的东西以目前看，应该不单是一个养猪场。应付一个猪场绰绰有余，但是应付不了其他项目。所以必须出去经历不同的事情，哪怕像原来那样摔倒，不是还可以回猪场吗？如果个人能力无法承受社会的冲击，将来你留再多的东西也没用，因为我也适应不了。面对潘志的稳重与诚恳，加之猪场的经营也很平稳，父亲最终答应了。

走出猪场，夕阳快下山了。和父亲交流过后的潘志觉得异常轻松，新的生活，新的经历又要重新开始，他信心满满地准备好一切，再一次踏上自我选择的人生道路。

兴奋的潘志又将迎接新的挑战。他知道，第一次创业失败后再创业，需要重拾信任，是非常困难的。父亲不知道，早在和自己谈话的几个月前，潘志就开始谋划下一个项目了，而且土地已经看好，相关技术人员也均已到位。也就是说，无论父亲同不同意，生米都做成熟饭了。

投资农业再闯江湖，西红柿地里刨出黄金

“其实我爸挺考验人的。我跟他要钱，他问我，你这个项目要投多

少，因为他也知道我跟人合伙的，我说投 300 万。然后他不是说好，给你 300 万。而是问，你要我给你多少？ 我觉得他说这话特有意思，我说我要 5 万块钱，我觉得他挺惊讶的。当时我老爸就在看我，你这几年在干什么事情，你要 300 万的话这几年就算白呆。你要多少钱就给你多少钱，谁干不了这事？ 你要 200 万可能打 60 分，你要 100 万可能 80 分。以他的脾气和性格，他觉得不要钱是最棒的，向他要钱都觉得还差一点。”

一切准备工作都是瞒着商场老将父亲进行的。做洗纱厂垮掉，猪场拿两年 3000 元工资，潘志要上项目，连出门坐车的钱都没有，资金从何而来？只有伸手向父亲要。“这个项目你要投多少?”“300 万。”“你要我给你多少?”玄机就在这最后一个问题里。你要多少就给多少，谁干不了？需要 300 万元，你要 200 万元，60 分，你要 100 万元，80 分。以父亲这种口气，意思是最好不要钱。潘志心里很清楚，父亲的言外之意在于，你脱离我出去，连资金问题都解决不了，更谈不上有能力去做事了。“5 万。”这是潘志的回答。这下轮到父亲吃惊了，“5 万块拿去能干嘛呢？动都没法动。一拖拉机沙子 170 块钱，填石都不够。”作为工程内行，父亲对潘志再一次的项目投资表示怀疑。但潘志只是笑笑。父亲如果给 300 万元，他可以省很多事情，但潘志觉得这样就失去意义了。

在猪场的安稳日子里，潘志一直在考虑究竟什么项目适合自己。从养殖行出来，猪场有肥料，就肯定不会再去想养殖。考虑的范围立马从养殖转移到种植上，种植什么？资金怎么运作，什么东西适合自己现在这种状态？特色水果，需要种三五年，投下去三五年才开花结果，没有这个经济实力。只能种一些经济效益比较高的蔬菜。潘志找茄子、辣椒以及其他蔬菜进行了试种，看哪个品种适合当地的气候和土壤。考虑再三，觉得西红柿最适合，因为它种植期短，不到 4 个月就可收成，但收成时间长，可以收差不多 5 个月，而且每天都可以采收，很符合创业前期的经营。

为了论证西红柿的市场表现，潘志又到杭州、上海大的蔬菜批发市场去调查市场。发现凡是西红柿上市的季节都非常好卖，而且量大。去问菜贩有没有卖不完的菜，其他品种很多，但是西红柿基本没有。只要品质好，市场都能接受。这一下，让潘志很有信心。

大规模的西红柿大棚。

色鲜饱满的西红柿等待上市。

经营项目选定之后，潘志开始圈地。手上只有5万元钱，怎么圈地？首先他把地选好，然后跟农户谈。几番谈判过后，最后以一年每亩500元钱租，地价谈好，潘志就按每亩100元预付定金。这样，定金一拿，相当于口头协议就成立了，地就不会给别人或自己种。等到潘志真正要拿地的时候，再把余款付了。就这样，前期200多亩地按每亩100元钱定金支付，一家家农户谈，付定金给他们，一共花了2万多元。

地的问题解决之后，西红柿怎么种才能产量最大，质量最好？需要种植技术。这是成功的关键，潘志花了很大一番心思。他先通过媒体了解到一位种植西红柿的技术员，找到这个人后就跟他谈，磨了差不多将近3个月。因为互相都不了解，双方都很谨慎。一来二去，潘志开始向他请教一些与西红柿有关的问题。对于人才的引入，潘志也有自己的一套。他知道，贸然地给对方开工资谈合作，人家肯定不愿意。接触几个月之后，双方已经很熟了，有谈合作的条件了。但稳重的潘志仍然不能确定这个人是不是真的水平高。于是，他又通过与当地农业部门的领导接触，让他们跟那位技术员所在的农业部门联系，请他们帮忙推荐西红柿的种植人才。结果对方推荐的正是潘志一直在谈的这个技术员。他这才相信这个人是真有本事。

有一天，几个朋友接到潘志的电话，说是要聚一下，聊一下创业的事，希望他们能帮助解决一下资金的事。几杯酒下肚，潘志开口说，需要50万元。平常吃顿饭也要花个几万元，现在反而跟别人借起钱来了。朋友说，那就直接给你现金不就完了吗。可是潘志说，不需要，你们帮我做个担保就行。潘志觉得，自己贷款是给自己压力，如果朋友给的不仅有压力还欠人情。

50万元经朋友担保，很快到了潘志的账上。他开始进行原材料的购买。因为有土地，有规模，现在需要的是种子、大棚和薄膜。在这方面，潘志完全展示出了他的经商天赋。由于钱是从银行贷的，又不可能再从父亲那里拿钱，所以，每一分钱潘志都精打细算。比如总价20万元的薄膜，货是一次性到位的，对方不可能让你分几次付款。但又要把这个货先稳住，就需要打定金。定金还不能少，给1万元，人家肯定不愿意。潘志先还未等对方说话，就马上说按20%付给你4万元，这就刚好卡在他的心理价位上。对方可能想要25%，5万元，你给他4万元，他也能接受。这也就节约了1万元的流动资金。这是一种技巧。一种物资到了，其他的供应商看着你成堆的原材料，知道你不是骗子了，也就不再计较太多。分期付款，只等到期收尾款。

所有原材料经潘志的运作都基本到位，塑料棚搭上了，种子撒下了，200亩西红柿的种植规模让人觉得很有气势。潘志下一步的资金来源，就以这个规模要求银行追加贷款了。正如潘志所言，银行相关人员一看，种植规模如此大，看潘志的踏实认真劲头，加上产业前景也非常好。当即答应再追加贷款，这笔钱正好可以支付农民的租地费用。

到西红柿地里转悠，是潘志的一大乐事。

潘志大致算了一笔账，一亩地，包括种子、肥料、人工、薄膜等，成本大概在9000元左右，其中工人工资占的比重最大。于是，他的管理方式是工资不是月月发，每个月预支生活费，保障工人正常开销。整个西红柿土地由工人分片负责，你十亩地我十亩地，管理得好，产量高，奖励就多，不拿死工资。一切收入都从西红柿地里来。如此一来，每个工人就都想着怎么把事情做好，既保障西红柿产量，还不会有过多的损坏。这样，潘志就又有一大部分钱截留出来；然后就是种子、化肥、薄膜这一块，因为薄膜他要求是必须是最好的薄膜，无滴，透光性、韧性都要好，薄膜的说明书写明是质保一年，实际上做不到，至

顾客享受西红柿采摘乐趣。

少保障三到四个月薄膜的质量没问题，所以双方约定4个月结一次账，正好那时候西红柿进入收获期，就有钱付了。潘志的如意算盘就是想方设法把各种成本支出岔开，把资金运转起来，达到最终卖一点付一点滚动支付的目的。

天有不测风云，当你发觉一切都准备就绪的时候，命运偏不会让你就此顺利得手。正如《西游记》中的最后一难。潘志当年下种却遇到了50年不遇大雪，天气爆冷，周边很多农户的蔬菜全部冻死了。大家都把眼睛盯着潘志。这可是才刚开始，对很多人来说这如果一出事，就倾家荡产。虽然以潘志的家底，不至于有多大的伤害，但毕竟也倾注了他一大番心血。大家没料到的是，潘志的大棚只有一点冻坏的，也都是工人操作不当造成的。这也就是潘志在基础设施上舍得投入带来的功劳。他为了防止冬天植株受冻，都是采用三层膜，严冬一来，全扛住了。当大部分西红柿都无法供应的时候，他的西红柿成了抢手货。几个大客户为买西红柿，还住他们那里了。几个武汉客户，也开车过来买。山东的西红柿和浙江的季节是错开的，这个季节出不了。加之冷空气一来，山东那边西红柿就更少了。市场一天一个价，还用不着自己出价，客户自己就先定价，最高的时候，每斤批发价3.9元。收的都是现金。潘志能做的，就是早上起来看工人在地里忙着，根本用不着自己挑，全是客户自己过来，你们工人捡不快，客户自己捡，称好，装车。这一年，潘志销售收入就破了千万。

他赢了。

创业问答

记者：有什么创业心得？

潘志：这几年做过来之后，我觉得很难用几个字来形容。首先要自信，要谨慎。这个是你在考察或者选择一个项目的时候必须要做到的一点。然后要果断，在做过仔细谨慎的考察后，如果得到的信息告诉你这一切是可行的，那就果断去做，最后就是在做的过程当中，不能好多事情安排给别人，至少整个程序或者整个过程自己要亲力亲为。可能跟自己经历有关系，我觉得人在一些经历或者一些过程当中会成熟起来，我觉得作为一个创业者心智要成熟，谨慎和细心是需要一定成熟度才能表现出来，不是我想做的仔细就能做，或者我想谨慎，这不是一种可以学得到的东西，这是一种性格，是一种脾气。有的人做的很多，但是做的过程中也落了很多，因为不够仔细。在选择项目的时候，他觉得考虑得很多，其实还有一些微小的环境可能给这个项目造成决定性的伤害，所以这时候要谨慎选择。我觉得在这样两个过程当中，你得到一些东西，真能做好，以后不会后悔，因为你做一个项目，不可能把所有的问题都解决了之后再去做，那是根本不可能的，当你得到你自己想要东西的时候，这时候必须要果断。

记者：创业具备的条件？

潘志：创业者本人有没有决心，非常重要。然后我觉得要知道自己有什么，这也很重要。根据自己的特点去找适合自己的事情去做，其他都不是问题，有或者没有，不要逼自己，也不要强人所难，顺其自然做一些事情。在这个过程当中去吸收、增长，很快，创业不一定需要多少资金，要有多少人脉，我觉得你好好做事情的时候，这些东西都会慢慢积累起来，不一定说有了这些东西再去做，那谁都能做，还是要看你自己。一定要知道自己在哪里，跟很多人聊天的时候，他会把别人说得非常准，这个人怎么样，有没有成就，或者怎么样，说得滔滔不绝，但反过来，他根本不知道自己在哪里，这样的人做不了事情。

记者：你了解你自己吗？

潘志：我觉得在这样的经历过程中，至少能看清楚自己一些东西，人一辈子到死的时候才能完全懂这些。那时候真的会想，回过头把自己过滤一遍，我觉得我比较幸运，我已经在这中间把自己过滤了一遍。自己停下来想一想，很多人没有这种机会，所以刚才说了，失败是一种幸福，因为现在这种社会很难让一个人停下来，想想自己的事情，去过滤一下自己，很多没有这个想法的人，根本不会去想，有这个想法的人，条件根本不允许去想，而我在这样一种经历之后，得到这样的时间和条件，给自己过滤，会让自己看清楚自己，懂得自己真正的病因在哪里。

记者：创业除了赚钱，还有哪些追求？

潘志：我觉得这两年做农业之后，让我的一些想法变了很多。创业初期想好好做，把事情做起来，把钱赚回来，做了这几年，我觉得自己担负一些社会责任。我觉得现在农产品、食品安全应该从我们这些农业工作者开始做起。再有，现在这个社会农业开始青黄不接了，要么就是几十岁的老农民，他们还在从事农业生产，像现在 80 后这一代的人做这一块的太少，但是 80 后是我们这个社会最有意思的人，是一个传承者，也是一个开拓者，他们不仅要把老辈的东西传承下来，还要吸收新的东西，给 90 后、00 后做一个榜样。

拒绝8亿资产　再创千万财富

在浙江慈溪，有一大批具有很强竞争实力及传承力的民营企业。这些企业里“开疆拓土”的第一代企业家们，都希望子女能接下他们的财富接力棒，继续企业的辉煌。但慈溪的新一代并不情愿顺从父亲的安排，宁愿做“创二代”。叶凯峰就是其中的一个。

叶凯峰的父亲经营着浙江慈溪市最大的纸板制造企业，资产达到8亿元，他是家里唯一的儿子。为使儿子更好地接手自己的事业，2001年，叶凯峰父母把他送到现代企业管理的发源地英国去学习深造。2005年，叶凯峰一毕业便如家人所愿，进入父亲的企业担任副总经理，主要负责企业人事和财务方面的工作。但在公司没做多久，他就做了一件让大家很不理解的事——拒绝接手父亲创下的8亿资产的家族企业。那么，放着大老板不做，他要做什么呢？

养猪！

但他又不仅仅养猪，养猪只是他创业梦想的第一步，循环农业才是他最终的追求。有优越家庭背景及海外留学经历的叶凯峰，怎么会去养猪，这还得从他海外留学说起。

赵阿卉　王浩　文/图

留学海外的“富二代”

“国内高端蔬果、肉类市场基本上还处于空白阶段。中国与国外之间的差距小，只是迟早的问题。以中国的发展速度，可能几年之内也会像发达国家一样。中国的人口基数非常庞大，经过改革开放30多年，民众的消费水平已经渐渐提高了，也需要健康、原生态的蔬果、肉类。这些让我看到良好的市场发展前景。”

叶凯峰，家中独子，上有一姐。

1987年，叶凯峰父亲叶国奋开始经营当地最早的造纸企业。经过20多年的打拼与发展，企业产值达到几个亿，成为慈溪最大的造纸企业。

叶凯峰成了标准的“富二代”，但他和很多人心中挥金如土、游手好闲的“富二代”形象不同，他很清楚自己未来的事业，那就是接手父亲辛苦创下的家族产业。

2001年，为使叶凯峰更好地接手家族产业，能有机会到国外拓展业务，父母决定把他送到英国去学习深造。在英国考文垂大学，叶凯峰度过了4年的学习时光。2005年，他迫不及待地想回国大展拳脚。如家人所愿，他进入了父亲的企业担任副总经理，主要负责企业人事和财务方面的工作。

回国后的叶凯峰想将4年所学的先进管理理念用于家族企业，希望给企业带来全新改变，做成现代化管理企业。他雄心勃勃地规划着，想建起一支有活力、有先进管理理念的团队，再通过团队把企业做成国内知名品牌。刚接手工作时，他感觉很充实。因为有很多事可以做，自己也做了不少规划。但工作一段时间后，他发现对于一个经营了20多年的老企业，改革的难度太大，一些措施和想法基本上不能实施，要实现自己定下的目标很难。拿人力资源这块来说，因为以前没有相关部门，招聘员工靠贴招工海报。有人员一来，做个身份记录就可以了。他开始推行招工问答、晋级制度、梯队建设等，却碰到了很大的阻力，特别是来自老员工的抵触情绪，因为“新的东西进去，对他们带来冲击，抵触心理很强”。面对自己想做而不能做的事情，叶凯峰满腔的雄心壮志难以实现，每天也就过上了到办公室签签文件，看看报表的生活。

在家族企业待了一段时间后，叶凯峰意识到自己家族企业进入了一个不可突破的瓶颈，“在行业里面，已经做到顶端了，再要把它扩大的话，基本上不可能了”。从无到有，创建具有全新管理及运营模式企业的想法在他脑海中越来越强烈。

他开始考虑脱离家族产业做自己的事业。但选哪行？经过深思熟虑，他花了3年时间对不同的行业进行调研，最终选定了做农业。经过深入考查，他发现不少行业要么发展前景不好，要么已开始走下坡路，各方面综合研究都觉得不合适。但农业不一样，吃的东西事关民生。他认为自己有责任把这块资源利用起来回馈社会。而且经过在国外几年的生活，他也看到了农业的发展前景与广阔市场。

当时，国内高端蔬果、肉类市场基本处于空白阶段。而国外市场的高端蔬果市场占有率达30%左右。不仅如此，其附加价格也非常高。通过对比国内外市场，叶凯峰很快意识到，国内高端农业市场要发展起来只是一个时间问题。以国内的发展速度，可能几年之内就能达到国外水平。加上国内人口基数大，消费水平也呈逐年上升趋势。有了庞大的消费群及经济基础，健康、高端的原生态蔬果、肉类将会有广阔的发展空间。而慈溪是全国著名的制造业基地之一，95%都是工业企业，仅家电企业就有6000多家。慈溪的GDP总量中，工业占60%～70%，第三产业占20%多，农业仅占1%～2%。尽管当地属发达地区，消费能力强，但50%以上的猪肉和蔬菜等食品都是从外地运来的。本地高端农产品的供应完全空白，这里充满了商机。为此，他决定放弃接管父亲想交给他的家族企业，涉足农业，先去养猪。

弃上亿资产，做养猪“创二代”

“我把想法跟父亲说了，这个企业我不想待了，我想做农业，从事生猪养殖，发展高端蔬果。他很奇怪地看着我。他肯定以为我是突然间脑子有问题了，好好的这么大的公司不去经营，去搞农业。他一下子没有反应过来，也许他根本没听清我在说什么。他说，好，我知道了，你回

去，你走吧。"

原本对儿子接班信心满满的父亲，渐渐发现了叶凯峰工作中一些微妙的变化。直到有一天，叶凯峰敲响了父亲办公室的门。

2007 年 3 月的一天，叶凯峰想找父亲好好谈一谈。他一上午什么事都没有干，一直给自己鼓劲。他怕一直拖下去，自己的创业激情可能会被磨灭。于是，他硬着头皮敲响了父亲办公室的门。

父子俩从来没有这么认真地坐在一起聊过。时间一分一秒地过去，父亲始终板着一张脸，叶凯峰也不知道接下来将要发生什么事情。当父亲问他想做什么事时，儿子说了一件让他想都没想到过的事情——养猪！

他告诉父亲，在他眼里，农业跟工业企业性质是一样的，只不过产品不同。父亲生产的是瓦伦板片，他生产的是生猪。他要规模化地去做，进行企业化管理。同时，他还给父亲分析了农业市场的发展前景。

父亲一听叶凯峰的想法，完全懵了。他根本想不到儿子回来会去搞农业，他觉得儿子"留学几年白去了，钱也白花了"。60 多岁的父亲含辛茹苦打拼几十年的企业，儿子竟然不愿意接手，父亲的心都碎了，只对他说了句："我知道了，你回去，你走吧。"

经过和父亲交谈，叶凯峰要养猪做"创二代"的事在家人朋友中传开了。家人对此事一致反对，很多朋友也劝他"好好的有福不享，简简单单做几亿产业公司的老总，舒舒服服地享受一辈子"。而在父亲那一代的叔叔伯伯眼里，继承父业是循规蹈矩合情合理合法的事，他突破常规的选择让他们很不理解。但一切的阻挠都阻挡不了叶凯峰创业的决心，之后的一段时间，他开始通过多种方式与家人进行沟通，照他的说法是"直接的有，'曲线救国'的也有"。如何"曲线救国"？他连续三四个月给母亲做工作，让母亲真正体会到他不是一时头脑发热，他要真正去干一番事业。母亲被他的坚持所打动，也成了他的说客。最终他得到了父亲的一次豁免权，允许给他一次机会，让他去尝试并告诉他："成功你自己去弄，不成功你给我乖乖回来，什么也别想。"

借钱养猪，突逢“贵人”

“因为我们这里经济发达，消费力非常强。本地农产品高端供应完全是空白的。我看到慈溪这种市场情况，第一步迈出去就很容易了，因为销售不成问题。我很多做企业的朋友，他们对健康、安全、营养的食品需求非常强烈。他们说只要保障绝对是纯天然、绿色、健康，价钱高点都没关系。我感觉这个市场真真正正存在，更增加了从事这一块的信心。”

得到父亲的默许后，叶凯峰开始在寸土寸金的慈溪找一块合适的地方养猪。经过一段时间的寻找，他发现找地不是一件容易的事。因为养殖行业产出周期长，要确保稳定，就需要租政府的地，不然很难生存下去。以5年租赁期为例，5年时间对养殖行业来讲很短，可能刚有产出，5年的租赁期就到了。若从农户那里租地就会存在很多不确定因素。地难找的现状让他开始思考以参股的形式与人合作。他看了很多猪场，都觉得不合适。找了几个月没任何消息。正处在无奈之际，一个人的出现，给了他及时的帮助。

2008年6月的一天，当地一位企业实力不错的人主动找到叶凯峰要合作养猪，而且一出手就拿出200万元。叶凯峰虽然觉得事情有些蹊跷，但正处困难之中有好事送上门，他也没多想，只觉是“老天终于开眼了”。此时的他，正好看中了慈溪观海卫镇沿海的一片500亩盐碱地，承包价格每年每亩400元。他想划出170亩地，建一个年出栏2万头猪的养殖场，大概需要200万元的资金投入，可承包的钱、入股的钱从哪里来呢？

第一他想到贷款。但是自己在外留学多年，本地没多少人脉资源，单枪匹马去银行贷款，必然会遭到拒绝。于是，他想到请父亲担保去贷款。父亲一开始完全不同意，他就跟父亲说自己的企业发展规划，并让父亲给他2年时间。因为种猪引进有一定的生产周期，第一年不可能有盈利，但第二年他预计会达到2000头的出栏规模，年产值能达到2500万元。但他的规划并没打动父亲，情急之下，他就跟父亲说：“爸，这笔钱就算你先借给我的，这个项目我做成了，钱还你；就算不成，我是做事，你给我一个机会。我失败了，给你打一辈子工，这些钱我给你打工还你。”父亲感觉到叶凯峰迫切地想去做这一项目，并很有信心，就勉强同意了他的请求，找银行担保帮他贷了200多万元。

创业初期，叶凯峰遇到的一系列问题，在一个个“贵人”的帮助下得以顺利解决。后来他才知道他的合伙人，竟然是父亲的老朋友。

当父亲得知自己一个办养猪场的朋友猪场有40%的股份要转出，他就给老朋友做了一些工作，告诉对方自己儿子“非常想从事养猪行业，并不是一时激情，前期也做了很多调查，会全心全意进入这个行业，去运作公司”。父亲觉得自己不好出面做这件事，就让老朋友出面，“直接和叶凯峰谈，他有兴趣的话就和你一起搞”。

父亲在背后默默地“给力”支持，为叶凯峰的事业起步带来了很大动力。说起创业之初的经历，他仍对父亲充满感激：“如果没有父亲的帮助，创业之路将更难更长。我爸一直在背后支持我，非常给力，非常感谢。”

全新起步，步步为营

“我选择2万头的养殖量也是有科学依据的。从疫病防控风险上来讲，这个量跟员工数量是最好的搭配。管理成本相对合理。如果数量太大，疫病风险非常高。一旦发生疫情，损失就不得了。猪的集群越多，可能爆发疫病的风险就越大。如果数量太少，管理人工成本就会升上去。”

做好一切准备的叶凯峰第一批先引进了300多头母猪。第一次进猪场时，他懵了，脑子里一片混乱，不知道从哪里入手，要先做什么。

为了稳扎稳打，他一方面开始去市农业局寻求专业技术员的支持；一方面参加相关的技术培训，还买了很多生猪养殖技术方面的书。在车上放几本，有空的时候就拿出来看。在办公室，他就在网络上搜索相关的资料，边咨询边学。同时，他还去周边的养殖场向有养殖经验的人取经。为聘请到合适的场长和技术员，还颇费了些周折。他不仅为对方分析了自己的规模、条件，而且还提出自己会全部放权，只确定大方向及总量。而对于总量的把握，他也做了一番调查。据他了解，一头种母猪，每一年产2胎，在宁波地区产出的平均指标为8.2头。他综合了各方面因素，把自己猪场母猪每胎的产出指标定在8.5头，因为指标高了就太虚，对方做不到，太低了，自己又会亏。对方只要达到或超过要求的量，都会给予奖励。超得越多，收益越大。“良禽择木而栖”，优越的条件自然为他吸引到了当地养殖经验丰富又有名气的场长。

关于猪场的事，叶凯峰对家人也是报喜不报忧。父亲多次提出想去猪场看看情况，他都一口回绝。因为他想让父亲看到的不只是这些，在自己的生产指标达到每胎8.5头后，到年底就能给家人一个很好的交代：自己猪场的产猪量不仅超过了预计，而且还超过了市里的平均产能，比一般人做得好。而此时，他心里也有了一个更大的财富计划要实施。

他把种母猪引进到了1000头，让生猪的年出栏量达到2万头。他之所以选择这个数量也是有科学依据的。从疫病防控风险上来讲，这个量与员工管理是一个最佳搭配；从管理成本上来算，也相对合理。如果数量太大，猪的集群越多，疫病风险就非常高，一旦发生疫情，就是不得了的损失；如果数量太少，人工管理成本就增加了，同样的管理人员，摊到每一头猪上的管理成本，1万头猪比5000头猪要低。数量越多成本就越低，但数量越多，又会有风险，所以他准备选择一个最合适的中间量。

2010年4月的一天，场长兴冲冲地告诉叶凯峰，他们的第一批700头猪已经有230斤，可以出栏了，而且达到了8.5头的标准。第一批猪终于出栏了，叶凯峰心花怒放，感到自己的付出终于有了收获。他开着车，一路加速，迫不及待地想回家炫耀，“就像第一次跟老婆相亲，第一次见面的时候，那个感觉才真叫好”。他兴奋地对父母说起第一批猪出栏了。母亲听后很高兴，父亲的反应却很冷淡，一句“什么价格？能赚钱么？”就让叶凯峰的心一下子静了下来。虽然当时收猪的人不少，第一天就卖出了100头，但卖出的价格是每斤5.4元，而叶凯峰养猪的成本却是每斤7.2元，这是明显的亏本生意。没办法，价格再低也必须得卖，因为猪不像其他产品能放一两年再卖。若不卖掉，要继续给它喂食，要继续投入。至于能不能赚钱，他有自己的心理准备。他觉得价格波动是市场趋势，就当时形势来看，价格回升也会很快，到年底财务报表出来，全年平均，肯定还是能赚一点的。于是，他决定继续按部就班地做下去。该卖的卖，该养的养，该喂的好好喂。

遭遇低迷，越战越勇

“出栏以后我做了对比，之前我每个月都要杀猪，作为福利自己吃。后来我杀了一头经过运动场出栏的猪，油膘明显要少很多，瘦肉的比例高了。口感更香醇，肉色也非常好看。原先拉猪的客户，我叫他们过来。宰一头让他们尝尝。他们感觉很好，就过来买猪了。我说现在按市场价格卖肯定不行，养了 8 个多月，成本高了很多。肉你随便去比，猪肉分等级。我这个猪肉完全可以排到第一级别，你不能拿三级猪的价格来买。”

在叶凯峰还沉浸在卖出第一批猪的喜悦中时，接下来发生的事让他手足无措。

他发现，生猪的市场并没有想象中那么好。2007 年，生猪价格非常高，但 2008 年和 2009 年，很多周边的猪场都亏，一些甚至倒闭了。到 2010 年，更是到了谷底，行情低迷。自己的猪 2010 年 4 月份出栏，价格才刚开始回升，但回升速度太慢。到 2010 年年底每斤才接近 8 元，刚好跟自己的成本持平。而这几个月间，叶凯峰就出栏了 3000 多头猪，这些猪按一头亏 100 元计算，总共就亏了 30 多万。连养了 20 年猪的场长，也不禁感叹“这种情况很少碰到”。

叶凯峰这时“感觉反差太大了，前几天非常高兴，所有指标都达到了，而且养得非常好，现在自己核算一下是亏的，而且亏得蛮厉害”，这让他心里很不是滋味。

眼看一年下来，自己的养猪生意亏了不少，叶凯峰怕父母问起，就连回家吃饭都少了勇气。如何走出困局？他突然想到“毛猪是这样的价格，猪肉会不会好一点？”于是，顶着巨大压力，他开始走访各大超市询问行情。

有一天，在宁波一个猪肉专卖店，他突然发现了每斤三四十元的猪肉，而当时一般猪肉的价格只在每斤 9 元 ~ 10 元。叶凯峰当时“就纳闷了，现在市场价格这么便宜，凭什么他就卖这么贵呢？”店主告诉他，自己的猪肉之所以贵，是因为它们都是山上放养的土猪，从小在山上跑，吃草的，虽然生长周期长，但肉质佳。他买了块肉回去，结果确实如店主所说，和一般猪肉的味道不一样。叶凯峰开始想，与其受市场行情约束，不如自己也走这条路，掌控自己猪的价格。

很快，叶凯峰开始进行市场考察，学习人家是怎么做的。他发现人家的猪是散养的，自己是规模化养殖的，猪都在栏舍里，怎么做才能达到散养的效果呢？见招拆招。他就从自己500亩的土地中划出20亩，围成一个运动场。虽然做不到100%全程散养，但可以在猪育肥阶段散养，这样还可以把农地利用起来，猪也可以吃吃地里的草。有了这个想法后，他咨询了相关专家，发现这办法可行是可行，但猪的生长周期就变长了。以前规模化猪舍养殖6个月就能达到230斤，若在100多斤育肥阶段开始散养，要七八个月才能达到这个重量，饲料成本加大了不说，人工成本也上去了。因为猪比较懒，没有人去赶它，放养在外面也会趴着不动，给它再大的场地也没有用。这就需要工人把猪赶进赶出，让猪活动起来。

在叶凯峰决定试一试散养猪时，猪场合伙人徐总对此提出了质疑。在徐总看来，做规模化养殖就是要“最快养大，最快卖掉”，较长周期的养殖方式不适合他们猪场。但叶凯峰更看重品质，他认为“品质上去了，经济效益肯定也不会差”，“如果完全按照以前的做法会受市场价格波动影响。若以一个专柜品牌的形式，以精品猪肉卖掉，就会减轻毛猪的价格影响。人家亏我不一定亏，或许我还会赚”。

最终，叶凯峰还是决定让员工定期把猪赶到场地里放养。不出所料，这一招真的让他的猪肉价格接连攀升。

第一批散养的猪出栏后，农场里杀了一头作为福利自己吃。叶凯峰明显地发现，眼前的猪肉，“肉色非常好，瘦肉的比例高很多，油膘明显减少。肥瘦比例也非常好，吃起来更香”。看到自己的养殖方式初见成效，叶凯峰开始向客户推销新养的猪，邀他们到猪场现场参观，出栏时送肉给他们尝，一时之间他的猪大受欢迎。当然，此时猪的价格已经比市场上常规猪的价格高了不少。

让员工拿杆子赶猪，虽然让猪的价格猛增，但工作量太大，员工们着实受不了。

“太累！感觉喘不过气来。”工人对此大倒苦水。

这些也被猪场副总沈勇看在眼里，“一开始用人工驱赶猪，猪的速度比较快。几天下来工人就很累，但是猪运动量并没有增加多少”。

骑马赶猪的叶凯峰兴致盎然。

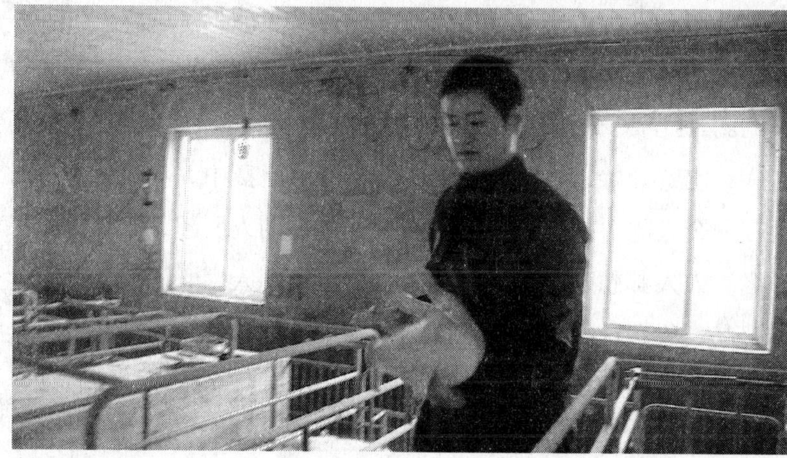
对养猪事务，叶凯峰常常亲自上阵。

叶凯峰与技术人员探讨蔬菜生长情况。

就在人人为之发愁的时候，叶凯峰在猪的运动场里牵来了一匹马。猪没见过这么大的动物，只要马一过去，猪吓得都跑了起来。叶凯峰看到猪对马的反应还是很大，这样一来就能省去很多人工赶猪成本。于是叶凯峰就开始了骑马养猪。

说起骑马养猪，叶凯峰说他的灵感来源于“在电视上看到人家在草原里骑马放羊放牧”，“我的猪既然散养了，需要运动。我自己喜欢马。人家是放羊，我是放猪。这种猪就每天晒晒太阳，吃吃泥巴，泥巴里面有铁、钙等微量元素。另外动起来后就锻炼得更健康。”

周边的经销商听说叶凯峰骑马养猪，都觉得新鲜，纷纷到猪场里考察。一些朋友听说了此事，也跑到猪场来骑马玩，叶凯峰对此非常欢迎。因为每天他一个人赶也很累，朋友隔三岔五来玩，猪也就赶得勤了，自己也能少干一点。

2013 年，记者去采访叶凯峰时，正好遇到他的养猪场有一场骑马比赛。这是一场非常特殊的骑马比赛。之所以特殊，一是因为比赛的地点是在养猪场旁边举行，二是有些人在比赛开始之前就知道了比赛结果。比赛中，叶凯峰时不时地边骑边往后看，而在两个人的对抗中，他还面带微笑地被别人反超，比赛的结果自然叶凯峰是最后一名。人人都想赢的比赛，叶凯峰却要让别人赢。不仅如此，他还将自己的猪肉作为奖品，免费送给大家。在这场比赛中，他看似搭了不少钱，其实这是他精明的“算盘”：“他们把我的产品带回去，吃了以后觉得好，以后就会常在我这采购了。”

别出心裁的养猪方法，让叶凯峰的猪一经推出就大受欢迎，生猪的价格每斤能卖到 10 元钱。同时，他也抓住时机扩大规模，并注册了生猪的商标，打入了高端超市。2011 年出栏的 8000 多头猪让他收入 1500 万元，父亲叶国奋也对叶凯峰比较放心了。

高端果蔬，开辟新财富

“循环农业是我的规划。什么叫循环？猪场的粪便经过发酵处理后，一个用于发电，另一个就是沼液。原先没用的时候，沼液像是废弃

物一样。其实它是一个宝，从猪粪出来，是原生态有机营养肥料。我觉得应该把这个利用起来。我就想到，是不是在种菜方面，可以把沼液作为营养来源。就是说，种菜不需要用化肥了。”

养猪的成功，特别是父亲的认可让他动力十足。但正当人们以为他将安安稳稳做猪倌的时候，他却做了一件别人又看不懂的事。2011 年年底，他用养猪赚来的钱，在养殖场的旁边建起了几个奇怪的东西，这些奇特的建筑引起了很多人的好奇。

“像开奥运会场馆大球一样，半圆的。”

“我就是觉得它像花园酒店，一个农家乐一样的休闲场所。”

“像奥运会的鸟巢也有，像蒙古包，像电视上古代打仗的帐篷一样。”

这个“蒙古包”到底是什么，和养猪又有什么关系呢？进入大棚内部，记者才豁然开朗，里面有 20 多种无土栽培的立体蔬菜。为什么要建这样的大棚呢？原来，这是叶凯峰又一个财富计划。在英国留学时他就看准了高端蔬菜市场，归国后一直想种植，但由于成本和经验有限，他选择了先养猪。“因为高端蔬果在国内认证比较高，像绿色有机蔬果，要把自己的品牌做得有影响力，就需要投入很多资金，资金从哪里来？我的整个规划中，就先做生猪养殖，因为生猪的回报周期比较短。几年后，每年都有一个均衡收益。我把生猪收益的 80% 投入到蔬果这一块，让整个资金循环。”

养猪成功后，叶凯峰意识到最佳的种植时机已经到来，菜只要种出来就有市场。而此时，他“循环农业”的想法也一步步得以实施。他和丽水市农科院合作，建造了这种“蒙古包”式的立体种植大棚，每个大棚投资 50 万元。里面配备了物理驱虫灯、计算机控制喷雾系统。叶凯峰把猪的粪便发酵成沼液再雾喷给蔬菜，形成一个环保的循环链条。而蔬菜长成后再按一级品和二级品供应给市场，填补高端果蔬市场空缺。另外，若有多余产量，还可以用菜去喂猪，让猪吃一些高端健康的绿色蔬果，形成良性循环。

然而，大棚的外观为何如此独特？因为这种独特的大棚有自身的优势——可以立体种植。立体种植的空间利用率非常高，等于向空中要地，同一个平面，可达到多倍的利用率，按叶凯峰的说法，“如果按照单个所占面积来算的话，倍数非常高，有15倍。因为我们也要考虑到采光的需要，柱跟柱之间要有间隙。通过均衡，产量达到同等面积的3倍是没问题的”。另外，蔬菜的主要病虫害都是通过土壤传播的，大棚内的无土栽培能通过大棚棚体进行内外隔离，有效地预防病虫害，杜绝使用农药。对比土培和水培小白菜，叶凯峰发现“气雾培的完全没有施过农药，品相非常好，没有虫斑。去大酒店、市场推销，平均价格是每斤15元，小芹菜每斤至少也达30元。一年四季都能利用起来，没有空当期”；同时，通过这种方式还能把含有机质养分的藻液利用起来，不但远离化肥，而且“通过气雾培浇灌的蔬菜生长速度快，扦插后20多天即可上市”。

立体种植的蔬菜占地面积小，利用率高，单位面积能创造更多的效益。占地1500平方米的大棚，叶凯峰建了7个，每个大棚每年预计产6吨，产值50万元。

叶凯峰用骑马比赛、“蒙古包”大棚这些夺人眼球的促销方式，先请自己的朋友过来，让大家知道自己的产品，把猪肉和立体蔬菜推销出去，从而吸引更多的人采购。

叶凯峰独创的立体蔬菜大棚。

这种蔬菜没有施过农药，水分含量高，品相好，含有更多人体所需的粗纤维。叶凯峰一边请朋友推销，一边自己主动推销到各大高档酒店和超市。2012 年 2 月，第一批产出的蔬菜一经推出就销售一空。

但通过一段时间的种植，叶凯峰也发现了蒙古包式大棚的一些弊端，那就是棚体很大，但利用最多的还是离地面 3 米之内的区域，更高的区域处于浪费状态。而且大棚成本造价比较高，不适合广泛推广。为了扩大利用率及产业扩大化，他开始对棚体进行改进，加入旋转柱体、LED 植物生长灯等新技术，这种方式对大棚的通风、降温、除湿等也能得到更好的掌控，更加健康高效，在发达国家不少城市已经开始用这种方法在楼顶种植蔬菜。而对于产品的营销方式，叶凯峰也有自己的打算。

“我的终极营销理念是以网上商城为主，以超市为辅。为什么要以网上商城为主？因为这块能够进行全国性的覆盖，而且营销渠道也掌控在自己手里面。只要把这个平台做成，所有高端的肉类、禽类、蔬果类，我都要融入进来。然后配送到户，一来方便老百姓的生活，也更适合现在宅在家网上购物的生活模式。”父亲叶国奋对他的想法也自叹不如：“年轻人文化程度高，知识水平比我们当时的要高得多。他们现在考虑问题，有些方面我们是跟不上的。”

现在的叶凯峰觉得，他的创业梦想才刚刚开始，自己的事业前景非常广阔。他将为做到全国范围内行业里的龙头企业而不断努力。

创业问答

记　者：创业过程中最后悔的事情是什么？

叶凯峰：最后悔的事情是进入这个行业还不够早。

刚开始，我对农业这一块不是太了解，所以前期走的弯路比较多。有一些政策上的东西不清楚，浪费也比较多。但一旦确定走这条路，就不会后悔。

记　者：创业过程中，哪个特点让您最痛恨？

叶凯峰：觉得自己吃苦耐劳的精神还不够。没当过兵是我这辈子比较遗憾的事。若当过兵，在部队里磨炼以后，人吃苦耐劳的精神，平时我们达不到的各方面的东西会磨炼出来。像我们本身作为企业的第二代，比较欠缺，这也是我现在一直在克服的东西。

记　者：创业应该具备哪些条件？

叶凯峰：创业一个是自身的条件，就是要有创业激情，有创业冲动；另外就是对项目的选择要顺应整个经济环境走势，最好选择朝阳型的项目；还需要有适当的资金基础，那是必须的；更要有一个合适的创业环境，这点也很重要，要选择创业活力很强的地方。像我为什么不留在国外，因为对我来说，国外完全没有适合自己创业的环境，所以我才回到国内。在国内，像东部沿海地区起步比较早，对创业各方面支撑优势也比较大，就比较适合。

记　者：创业除了赚钱之外，还有哪些追求？

叶凯峰：经济收益应该说最基本的。因为行业创业，资金是必需的。企业要运作良好必须要有资金的支撑。这是最基本的一点。作为企业经营的第二代，自我创业也是自我价值的实现和对社会的贡献，也是回报社会的一种方式。因为我们的资源，企业赚的钱，都是社会给予的，所以我们要做一个有社会价值，能带动周边发展的行业。另外，多做一些公益性的事，特别是我做食品这一块，首先必须要做到力所能及地为民众提供健康优质产品。

记　者：您认为创业者应该具备的素质？

叶凯峰：作为创业者来说，首先具备一个良好的品德。因为创业会对周边社会产生影响，会影响一大批人。同时，还必须要有一个创业的激情与冲动。另外，就是有非常完善的前期准备；更要具备敢拼敢闯的素质，要有无所畏惧的心理。当然，还要有具备抵抗压力的内心，能把压力转换成动力。最后是要为员工负责。员工帮助我把企业持续下去，员工工作是否能够稳定，我要为他们负责。

全职妈妈“包”打天下

在浙江义乌，一提起箱包，很多人都说邵宝玲是行业里的偶像。

她在整个箱包行业里的经营历程颇有传奇色彩。虽然起步晚，但是发展非常快，短短十来年时间，她的公司就成了义乌箱包行业的风向标。

2012 年，记者去采访邵宝玲时，她正在接待一批来工厂采购箱包的外国客商。

“啪——啪——”听到两声重重闷响，众人不禁好奇，都围了过去。原来这是邵宝玲在给外国客商介绍自己的箱子，为了克服语言障碍，她给外国客商介绍箱子的方法很直观，直接拿箱子在地上摔。这还没完，她还告诉外国客商可以站上去踩。担心自己的体重会压坏箱子的外国客商将信将疑地踏上箱子，看似普通的拉杆旅行箱竟完好无损。为能更好地显示箱包的品质，邵宝玲还拉着外国客商做起了游戏——骑着箱子跑火车，更过分的是，还在箱子上跳舞。一个看似普通的旅行箱，不但可以骑着走，还能成为一个小舞台，在上面怎么跳都没事。

邵宝玲用如此直白的销售方式，不仅征服了外国客商，也征服了众多消费者。截至 2012 年，邵宝玲工厂年销售箱包 400 多万只，成为浙江省义乌市最大的箱包企业。但谁能想到，十来年前，她还只是一位全职妈妈。从一个夫妻两人的小厂起家做到义乌箱包的龙头企业，邵宝玲在箱包上舞出了怎样的财富传奇？

杨葳　王浩　文/图

干练铺就的成长之路

"富阳跟这边在合作方面有些问题，必须得裁掉一些人员。这时候工作没有了，很痛苦。我老公说，你不要心情不好，我哪怕修自行车也养活你，你就放心吧。他说你也可以跟着我一起下海干装潢公司，卖材料。我听了以后觉得也行，我可以做营业员，对这方面的东西接触也挺多，就这样跟着他一起下海创业了。"

和众多创业者一样，邵宝玲出生在一户平常人家。她的家在浙江义乌市吴店镇。

小时候，邵宝玲父亲常年卧病在床，无法工作，家庭生活拮据。那时，她觉得最幸福的事莫过于吃馒头夹红糖和过生日时吃生日面，只为红糖的甜和那碗面里的两个鸡蛋。11 岁时，邵宝玲父亲因病离世，带走了这个艰难家庭的最后一丝希望，5 个孩子靠着母亲早出晚归在面馆辛苦工作赚来的每月二十几元工资维持生计。

从小，母亲就是邵宝玲的榜样，她的善良大方、能干坚强影响了邵宝玲的一生。

虽然家庭条件不好，但母亲时常帮助人，给来面馆吃面的农户多加一些面，多盛一些汤。而且母亲在家从不骂人，经常鼓励孩子好好学习。5 个孩子在她的照料下，4 个上了初中，邵宝玲上了高中。之所以母亲对邵宝玲格外上心，只因为在 5 个孩子里，邵宝玲体质最差。那时的邵宝玲面黄肌瘦，母亲对她格外疼惜，千方百计想让她读书，希望她可以出人头地，将来能自己照顾自己。因为母亲的辛劳付出，邵宝玲如愿上了高中。

1979 年，邵宝玲高中毕业，这一年她正好 18 岁。

因身体不好的缘故，她代替了哥哥姐姐顶了母亲的班，被安排在镇里一个村的代销店工作。那时村里的代销店不像城里，能按时间和销量去工作。经常有人半夜三更来买东西，三四点时都有人来买酱油和盐。没有电灯，给邵宝玲夜间的工作带来很多不便，但她依然热情地为每位顾客服务。她的热情周到得到了村民的认同，大家对她也很好，有土特产或者好吃的都会端来给她。由于服务质量高，工作出色，在邵宝玲22岁时，她被调到镇上的供销社当起了营业员。

而后，她又相继在五金店、旅馆和小卖部做营业员。在工作中，像她母亲一样，也很会为别人着想。有顾客挑选五金，让她拿20遍，她也不觉得烦，仍然会非常热情地给对方拿东西。在所工作过的每一家店里，顾客评价她的态度是最好的，绩效和奖金也比较多。就在这些日子里，她遇到了她人生中最重要的一个人——丈夫吴先进。

丈夫当时在义乌城里的冷冻机厂做研发，而她在镇上工作，两人分居两地，很不方便。正当他们寻思着如何调在一起时，义乌冷冻机厂和富阳冷冻机厂合作在义乌城里开了义乌酒家。酒店新开，正需要人手。趁这个好时机，邵宝玲就调到了酒家小卖部工作。

在小两口调在一起幸福生活了一段时间后，邵宝玲却接到裁员的噩耗。因为酒家双方在合作上出了点问题，必须裁员。才过了一段短暂的幸福生活，却要面对突如其来的变动，邵宝玲很难过。好好的工作，突然之间就没了，未来怎么办？那个年代，有个工作是很长脸的事，一下没了工作，感觉好像没脸面见人了。极强的失落感侵蚀着她的心，但此时丈夫一句“你嫁给我了，我一定会养活你，哪怕修自行车也养活你”，让邵宝玲吃了定心丸。她很感动，感觉到从来没有过的安心，她确信“跟着他没错”。

丈夫在安抚了邵宝玲下岗后失落的心情，做出了一个惊人的决定——与邵宝玲一起“下海”做装潢生意。想着自己有做营业员的基础，对买卖懂得不少，夫妻二人一拍即合。

下海经商成就富足生活

“本来我们开始的时候想了赚1万元就不赚了，那时候万元户算是很不错了。再过一年时间赚了10万元，一年有10万元，不得了。当时我还跟我老公说，我们赚10万元，就不再做生意了，我还是回去上班

吧，结果一年时间就赚了 10 万元。"

1988 年，一心想出人头地的邵宝玲下海和丈夫开了一家装潢公司。一个女人，从此过上了和铝合金条、木板打交道的日子，她干得比男人还卖力。

员工回忆起当年邵宝玲卖力工作的劲儿，也满是钦佩。

“我刚来的时候，记得很清楚，在林业大厦楼下有一个仓库，仓库里有很多模具。一天，看到她穿着白衣服和裙子，无意中走到那里，发现模具没整理好，就坐在那里，将模具一个一个地摆整齐。”

“挂着吊瓶上班、吃饭，搭车，也挂着吊瓶。”

“她感觉不上班就要生病了，天天坚持上班，一直以来都是这样子。”

对待自己的事业，邵宝玲除了用心，就是真诚。当时很多人来她店里买东西都不会讨价还价，只要客户告诉她家里的装修风格及需要装饰的地方就行了，如两个房间，一个厨房，一个客厅，了解清楚后，她就会把需要的合页、门芯数量配好，理好清单，价格也一项项列出来，再给别人配货。而且给出的价格都是批发价，如果顾客买回去之后，觉得不好或用不了，随时可以来退换。邵宝玲的生意态度得到了消费者的认可。与丈夫下海后，靠着自己多年的销售经验及各种营销培训的熏陶，他们的装潢生意做得风生水起，柜台前站着的几乎都是排队买东西的顾客。

红火的生意，让他们夫妻二人的生活充满忙碌与艰辛，连她自己都说“全靠身体去卖钱”。有时白天接下客户急做窗帘和轨道的订单，晚上回家后，自己裁布，圈窗帘，串轨道，经常忙到十一二点。她还要自己做会计，结算当天的营业额，经常做到凌晨两三点。

经过夫妻二人的努力，几年后，邵宝玲就成了当地出了名的“有钱人”。按邵宝玲当时的想法，“赚到 1 万元，就不赚了，当时万元户算很不错的了”。可 1 万元来得太容易，她又和丈夫说：“赚到 10 万元，就不再做生意了，还是回去上班吧。”结果一年的时间，他们就差不多赚了 10 万元。后来，她又想赚到 100 万元就不做生意了。事实上，他们又很轻易地赚到了 100 万元。从此，邵宝玲再也不提不做生意的事了。”

在别人眼中，邵宝玲很幸运，她也对自己的人生很满意。然而，此时的她万万没有想到，厄运竟会突然降临。

幸福里程中的苦难伤痛

“孩子生出来不会哭，各种办法都想了，一点用都没有，就是不会哭。后来，医生把插管插进去。‘瞄——’的一声，就像家里的小猫，比小猫声音还要轻，我终于听到了声音，感觉到儿子存活的希望。”

1997 年，36 岁的邵宝玲怀孕了，这本是桩喜事，却给她带来了长达 5 年的伤痛。

这是邵宝玲的第 2 个孩子。当她知道自已有了第 2 个孩子时，既高兴又难过。高兴的是自己又有了宝宝，难过的是生活已经够幸福了，不应该再有一个孩子。在她眼里，工作赚钱才是第一位的事。去医院检查后，医生告诉她，由于身体的原因，她本来已经很难再怀孕的，而她竟然幸运地怀上了。一想到孩子来得太难得，她决定把孩子留下来。

但让她没预料到的是，孩子在她肚子里 190 天的时候出现了早产迹象——胎膜早破。这让邵宝玲非常紧张，因为孩子来得不易，她想保住这个孩子。但医生告诉她：“不可能，这个孩子养不大，生出来也不可能。”紧急召开家庭会议，家人一致决定要保住邵宝玲。但邵宝玲不同意，她坚决要保孩子。为了保住孩子，邵宝玲挂着保胎药水，从义乌的医院转到了省级大医院。到大医院门口，担架已经在门口等候了，医生一看到她，就骂起来：“你这个女人真的不要命了！大人的生命非常危险，万一孩子死在肚子里就更严重了，简直是拿生命开玩笑！”此时的邵宝玲顾不了那么多，她只想尽全力保住孩子。

到达产房，羊水已经没有了，孩子的心脏也开始出现问题，需要马上生出来。哭声是每个孩子来到这个世界的标志，但是邵宝玲的孩子出生时连哭声都没有。孩子是个男孩，生下来只有 30 厘米长，脐带绕颈 2 圈，体重 2 斤 9 两，心脏跳动力度很差。满分 10 分的胎儿评分，他只得了远远不及格的 3 分。经过医生的一番抢救，插了根管子进去，孩子才“喵——”的一声哭了出来。邵宝玲听到孩子的哭声，心都酸了，她形容那个声音轻微得可怜，“就像家里的小猫，比那个还要轻”。

之后，邵宝玲在保温箱里看到自己的小儿子时，感觉“就是一只小猫”。由于孩子的各项指标不好，经常窒息，一天起码要抢救4次。医生告诉她不要抱太大的希望，孩子要保下来很难，需要待几个月的保温箱不说，人力、物力、财力花费都很大，每天需要大笔的钱。她坚决地告诉医生：“不管怎么样，只要有一点希望都给我保住！”

孩子就在一天天的窒息与抢救之间度过了出生后的44天，到第45天时，他发生了更大的变化——天天抽筋，甚至抽到一点表情都没有。

医生告诉邵宝玲，孩子的病情更严重了，“如果救活了，或者养大了，也是X形或O形腿，或者驼背，或者鸡胸，要么可能流口水，眼睛瞪得大大的”。听到这些话，作为母亲的邵宝玲有种很奇怪的感觉，她想都没想就说：“孩子一定给我救活，后面的事情全部由我来承担，哪怕要我一口饭一口饭地喂他都行。”医生听了很感动，答应她无论如何会想尽办法，用最好的药给她儿子治疗。

就在大家劝邵宝玲放弃的时候，她做出了决定：做全职妈妈，在家照顾早产的孩子。从此，那个曾经叱咤风云的女强人彻底转了型，回归到家庭，为孩子四处求医奔波劳累。

用母爱撑起的一片天

“我们睡孩子边上，手放在孩子身边。有一次，发现孩子发烧了，不对劲了，马上起来，孩子窒息了。我和老公两个人马上抢救，一个人按，一个做人工呼吸，两个人把孩子一声一声地哭了回来。那种感觉让我们非常难过，这个孩子真的好可怜。在家里没办法待，马上又赶回上海。两三年之后回到家里，一直不断教他，让他学。慢慢地，到5岁了还背着奶瓶上了幼儿园，还不会吃饭。”

在医院把孩子养到8个月时，邵宝玲跟丈夫说，应该差不多了，于是他们回了一趟家。可刚回到家，孩子睡在床上便开始发烧，不久就窒息了。邵宝玲和丈夫马上进行抢救，一个人按，一个人做人工呼吸，两个人几乎是一声声把孩子哭回来的。一想到两个人跪到地上抢救孩子的情景，邵宝玲就非常地难过，“感觉孩子真的是好可怜”。在家待了两晚后，他们又急匆匆赶回了上海的医院。

以现在的医疗及母婴保健水平来说，2 斤 9 两的婴儿有一定的存活几率。但放在 10 多年前，低于 3 斤的婴儿几乎全部夭折，能存活的都是奇迹。而邵宝玲就用母爱创造了一个奇迹。

时间一晃就是 5 年。5 年来，邵宝玲有两三年在医院度过，一直陪着孩子。为了孩子，邵宝玲甚至拿起书研究儿子的病情，以至于几年来她差不多学会了儿科。

5 年时间里，邵宝玲抱着孩子跑遍全国求医问药，直到她来到一家全国顶尖的儿科医院，孩子的病才有了转机。专家医生告诉她：“这是严重的佝髅病，如果迟 7 天到，就没有办法治疗，你绝对要放弃。所以你还好，还有一点机会，能够给你孩子治疗。”

经过不断给孩子进行补钙和补充维生素 D3，孩子的病出现了转机，抽筋能暂时控制住。然而，这个病不能一下完全治好，需要慢慢不断地进行调养。但调养过程中，其他的病又开始来了，一年 4 次肺炎，不断地感冒，半个月发一次烧，还出现过脑炎……孩子的抵抗力非常差，很难养。

到孩子 5 岁上幼儿园时，还背着奶瓶，因为他不会吃饭，吃一颗米饭都会被呛着。经过多年的悉心照料和治疗，邵宝玲创造了一个奇迹：她的孩子开始和普通的孩子一样健康活泼。

重回职场的特别收获

“回到义乌市场里就看出来，5 年时间，我们的工业已经发达了很多，比我想象中的更进步。我旁边开店的这些朋友，差不多一起起家创业的，他们已经有很大的工厂了，公司搞得有声有色。而我如果要做，等于又要重新开始。以当时的状况，和他们相比，就是一个天一个地的感觉，心里很不平衡。我是很好强的人，我要好好地干一场。”

2001年，就在孩子5岁时，邵宝玲开始隐隐觉得，自己该出来工作了。一来孩子的病情已经趋于稳定，虽然偶尔会发一次烧，但在自己能解决的范围内；二来，离开市场长达5年之久，感觉自己跟义乌的速度脱节了，和别人相比差了一大截。尽管装潢公司一直开着，但疏于打理，效益越来越差了。

5年后的义乌市场，商业已经比以前发达了很多，当初跟邵宝玲一起开店的朋友，有些已经有了很大的工厂，也有些已经办起很大的公司了。对比自己，仿佛是一个天一个地。内心与生俱来的不平衡感和好强性格，让她觉得自己应该要好好地大干一场。

如何才能追上别人？她认为必须要重新开始。与丈夫商量后，他们决定办一个与装潢相关的广告公司。

办什么样的广告公司？邵宝玲决定办义乌最好的广告公司。想办顶尖公司，就需要高素质的人才。她打消了在义乌招聘人的想法，迅速从上海、杭州等地招聘人才过来。

重回职场的邵宝玲工作起来很拼命，她常常陪着员工一起加班，把所有事情弄完后才离开。由于常年用身体拼事业的缘故，她的身体渐渐走起了下坡路。

当她因为感觉眼前有一层薄膜看东西不清晰而到医院检查时，作为朋友又是妇产科主任的吴崧对她进行了不客气地训斥："照你这样折腾下去，什么时候倒下都有可能，那还怎么撑得起一片天空来。"朋友的当头棒喝，引起了邵宝玲的重视，随后她进行了一系列的检查，结果却不如人意。

此时，邵宝玲才开始关注起自己的健康状况，她不想这么把自己拖垮。朋友告诉她，要解决现状有两个方法，一个是晚上不吃饭，只是吃点玉米糊或者小米粥，或者蔬菜；第二个就是锻炼，早晚锻炼半个小时以上。达到这两点，再吃点药调理就好。从医院回去的当天晚上，邵宝玲就没吃饭，直到现在她都保持得非常好，身体也越来越好了，"从那时候到现在一直保持在100多斤"。

2001年，邵宝玲还做了一次鼻炎手术。手术之前，因为工作的缘故，感冒了。还三天两头地挂盐水。挂盐水时她都闲不住，一边挂一边开单，可谓十足的"工作狂"。

那时鼻炎手术需要用纱布止血，术后要把一大捆纱布塞到鼻腔里。到了晚上，一块纱布的头滑进了邵宝玲的喉咙，让她感觉恶心想吐，一吐血就要流出来。术后第二天换药时，还要把纱布拿出来，并清理掉里面的血块，清洗完之后，再把纱布塞进去，两个鼻孔全部塞满，只能用口腔呼吸。丈夫看到鼻孔塞满纱布的邵宝玲脸肿起来，一边给她喂牛奶，一边呼啦呼啦眼泪直流。而她自己痛苦得受不了，哭了起来。

经历过鼻炎手术的痛苦后，邵宝玲像完全变了一个人。她开始爱惜自己的身体，她意识到“没有身体无法挣钱，没有身体无法创造财富”，自己“必须非常健康，才能管理企业”。

一只箱包的幸福起源

“我买了一大堆箱包回来。我和老公两个人对着清单一个个地看，发现这个价钱跟我想象中差距太大了。因为我对成本很了解，这和装饰材料铝合金差不多，一估计就知道了，这个箱包成本不超过 20 元，他给我的批发价是 60 元，利润好几倍。简直太高了！ 我办广告公司，装修、卖材料，与做这个相比，相差太远了。我认为挣个 30% ~40% 的利润已经很了不起了。我就和老公商量，能不能办这个厂。”

时隔 5 年，邵宝玲重出江湖，一开广告公司就取得了不俗的成绩。谁也没料到，她会与箱包打上交道，并打造出一个年销量 400 多万只的箱包王国。

在广告公司生意蒸蒸日上时，邵宝玲怎么会突然想到做箱包呢？

当时，邵宝玲的广告公司接了不少企业的宣传册，为了进行校对，她经常自己从头到尾把画册的文字一字不落地看完。看的过程中，她渐渐受到感染。她看到一个个外地人在义乌闯出了自己的天地，为什么自己不能在义乌办企业呢？这种感觉在她心中埋下了一颗种子。她开始有办企业的强烈欲望，而这种欲望，在她之后和丈夫去广州进货时得到了全面释放。

2002 年，邵宝玲和丈夫到广州进货，她看到了一只箱包。虽然这只箱包的材料和自己做装潢的材料一样，但装饰得很漂亮，给她的感觉很亲近熟悉，让她想起

①宽阔整洁的打包车间。

②工人对箱包进行抽检。

③繁忙的箱包缝纫车间。

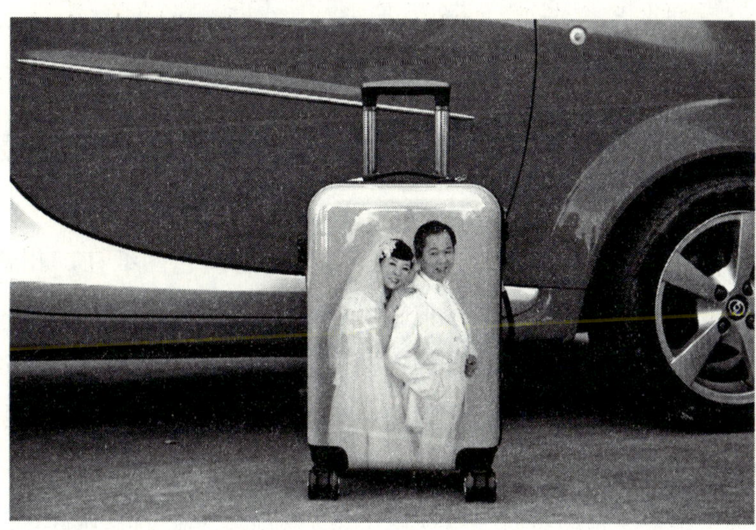

富有纪念意义的箱包外观设计。

了母亲送给她做嫁妆的皮箱，也是一个铆钉一个铆钉装饰着，有种一见钟情的感觉。一瞬间，她脑海中冒出要办这样一个厂的想法。她没想到这个一时之间的感悟，最终造就了一家国内箱包行业的龙头企业。

之后，邵宝玲以批发价买了很多只箱包回去准备做礼物送人，但回到家一看记账清单，她就发现这个小小的箱子里确实藏有诱人的财富玄机。“这个价钱跟我想象中相差太大了，因为我对装饰材料和铝合金的成本很了解，这个箱包成本不超过20元，他给我的批发价是60元，利润太高了。”

做了多年装潢生意的邵宝玲从来没想到，她最熟悉不过的装潢材料，经过加工后，价格竟然是原来的3倍！而且箱子看起来工艺简单，最重要的是当时义乌还没有生产这种箱子的工厂。随即她和丈夫决定办一个箱子厂。

为了弄清箱包构造，原先在冷冻机厂做产品研发的丈夫把箱子零件一个个拆了下来。丈夫告诉邵宝玲，这箱子对他来讲太简单，简直小菜一碟。很快，他像模像样地画出了箱包图纸，随即拿着图纸到广州找铝材厂订箱包需要的相关材料。

用诚信打造出的箱包之路

“她打电话跟我说，那个货不管怎么样，想尽一切办法都要做出来，如果做出来时间赶不上，客户不要了该赔的钱她全部会赔的。我听完，做生意很诚实，很有责任感。义乌如果都像她这样，会发展得更快。”

——宁波客商朱志宏

为了找到适合箱包生产的铝材，邵宝玲夫妇带着箱包图纸在广州费了好大力气。一般生产的铝合金门窗是硬的，但做铝箱的材料是需要折弯的，既要有韧性还要有硬度。要生产如此有硬度兼韧性的铝材，铝材厂在材质和工艺上都达不到他们的要求。无奈之下，丈夫只能自己先做出一个样品，按照样品先定做模具，并和铝材厂一起破解工艺难题。

原本以为把铝合金敲敲打打，就能做出箱子来，没想到真正做起来还是大费周章。样品出来后，邵宝玲招来几个员工，经过简单培训后，就开始敲敲打打干了起来，生产出来的样品还真像那么回事。可此时，她又犯了难，“产品做出来，销给谁?”因为他们做装潢材料出生，没有做箱包的客户，也不知道怎么去找客户。眼看五六个月过去了，邵宝玲一个箱子都没有卖出去。

为了不至于瞎忙活一场，2002 年 9 月，邵宝玲看到电视上在播放义乌国际小商品博览会的宣传，于是她就带着样品去参加了展会。

展会上，邵宝玲看到顾客三三两两走近自己的摊位，有种“天上星星掉下来的感觉，很珍贵”。那时候她感觉产品有希望了，自己的厂也有希望了，有人要了。而一个人的到来，更让邵宝玲喜出望外。

他就是来自宁波的贸易商朱志宏。当朱志宏看到邵宝玲带来的产品时，他很惊喜：“当时这个产品在这边没人生产，都是广东那边做，但价格很贵。这边做的话，对我们来讲，以后进货就会比较方便。”在逛了好多家摊位后，朱志宏还是把订单给了邵宝玲，因为他觉得他们在报价、谈话上和自己比较合得来，“做生意，有时候也要讲缘分”。

朱志宏先订了 1000 套箱子，说如果做得好就再订。邵宝玲本以为这下可算抓住了一笔大生意，可没想到麻烦也就跟着来了。

由于这是邵宝玲接下的第一笔订单，她没有制作经验，也没有专业团队。让她没想到的是，箱包打样简单，但要做 1000 个一模一样的箱子，是一件非常麻烦的事情。因为这就需要流水作业，一道工序一道工序地进行。他们没有相关的技术及经验，生产出来的产品不是歪着身子，就是撅着肚子，根本不符合产品标准。眼看约定的交货日期一天天临近，情急之下，邵宝玲的车间主任使起了“拖延法”。

本来一个月的交货期，变成过 5 天交，到再过 5 天还是交不了。今天推明天，明天推后天，一连拖了几个星期。其实所有的箱子基本上生产完了，但生产出来的大多属不良品，需要再三的修改。当时他们根本不知道怎么去改，只能慢慢地摸索。把歪的改正，把大肚子的改小，工人们每天加班到凌晨一两点，还是不能按期交货。

邵宝玲知道情况后，想到自己做生意一直坚守着“诚信”二字，这次竟然拖了客户的单，她很难过。该如何渡过这个危机？无奈之下，她只好拿起电话，给朱志宏打了个电话，实话实说：“实际上这个厂刚刚办的，不是老厂，老厂可能工艺上更有经验。产品我们真的一下子生产不出来，可能过半个月或者一个月才能生产出来。但不管怎么样，会想办法做出来，如果做出来，时间赶不上了，或客户不要了，该赔的钱我会全部赔，客户的损失也会承担。”

朱志宏听到这些话后，感觉邵宝玲做生意很诚实，很有责任感，立即给她说道：“我们这边已经知道你的情况了，我会尽量跟客户商量。我们不是希望谁赔钱，做生意是希望最后把客户要求达到，产品能做得好，赚到钱，双方都可以赚钱。我们之间才能把生意做成功。如果实在要赔，你也要赔，或者我有可能帮你承担一些。如果义乌的企业都像你这样，会发展得更快。”

尽管朱志宏答应帮邵宝玲协调交货时间，减少损失，或许还会帮她承担赔款风险，但邵宝玲坚持是自己的责任，不让朱志宏承担任何赔款风险。邵宝玲的诚恳让朱志宏很钦佩，还协助他们解决了一些技术上的问题。有了朱志宏的帮忙，邵宝玲的产品也慢慢走上正轨，品种也变得更加丰富了。

随着工厂的规模不断扩大，邵宝玲又开始尝试生产拉杆箱。这种箱子耐摔，抗压，又十分轻便。邵宝玲计划出口，一年之后，她的销售额要翻一番！

家庭内讧带来的致命打击

“站在自己的角度，我当时对他（外甥——编者注）已经很不错了，哪怕我赚几百万元，他也有几十万元了。这时候他说不够，为什么不够？ 他说你想想看，我们两个人下海帮你做，也要付出很大的力气。既然出来也想有很大的发展，更好的生活，就靠这一点钱是不够的。我就想我是做投资的，风险都在我这里，为什么你还不够，分到这点已经很好了，两个人谈不拢。”

2003 年，邵宝玲找来自己的外甥，希望他能帮助自己打理生意。外甥没有提出任何条件就辞职过来帮忙，这让邵宝玲觉得自己很幸运，开始过起了休养的生活。可她没有想到，一场新的危机正在靠近。接下来发生的事，甚至让邵宝玲有了自杀的念头！

2004 年农历过年的前一天，邵宝玲去和外甥见面。回家后，她一头扎到床上大哭了一场。

原来，一年时间里，外甥辛辛苦苦把工厂打理得非常不错，于是提出要分得公司 50% 利润的想法，这个数字让邵宝玲有些接受不了。

邵宝玲最初安排外甥进厂打理事务时，除了每个月给他们夫妻发工资，还会给 10% 的分红。那时，邵宝玲站在自己的角度想，自己做投资，风险在自己身上，能给外甥 10% 的分红，算是做得不错的了，就算自己赚几百万元，外甥也能分到几十万元。

一年过去，外甥觉得自己的辛苦付出，不仅值这么点钱，他想自己办一个箱包厂。邵宝玲不同意，她觉得这是在和自己竞争，而且现在的厂是她和丈夫一点一点做起来的。里面有丈夫的心血，最终两个人没谈拢。邵宝玲很想不开，自己辛辛苦苦扶持起来的亲戚，最后居然和自己对着干，她难受得不得了。

之后，她再找外甥协商，自己愿意出资建一个新厂，做新的投资项目，可以分 50% 的股份给外甥。外甥可以从零开始，做技术或做管理。但外甥除了对箱包比较了解，其他都不会，谈判再次破裂。

2005 年 3 月 1 日，邵宝玲亲自接手了工厂。但令她没想到的是，外甥竟然带走了自己厂里的大量工人，包括总经理、生产车间厂长、主任、组长……最后只剩下了 28 名员工。

原本每天都热火朝天的车间变得安静起来，竟停产了一个星期。手头的订单一旦完不成，工厂就面临着关闭。邵宝玲很清楚，这是外甥给自己出的难题。但正是这个难题，再次激发起了她的斗志。“我想，开始的时候能办起来，为什么有现在这个场面了，我就办不起来呢？那时候觉得只要有勇气，有信念，就会产生无穷的能量。”

当时很多客人到工厂订货，仅靠着剩下的 28 个员工，如何能完成上百人才能做完的订单，如何让工厂起死回生？这一切的转机，只能靠邵宝玲冷静应对。很快，她就拿出自己的方案：“第一，我要把工人的工资上调，原来 800 元一个月的，调成 1200 元一个月；第二，把原来跟我的老员工拉到这个厂里来，把总经理聘上，做财务的做财务，做管理的做管理，用一个礼拜的时间把架构全部整合起来。”邵宝玲很清楚，员工因为工资走，也要靠工资拉回来，“那时候我不管任何后果，首先把工资涨上去。”

因为厂里订单太多，每天都有客人催着交货，为了激发大家的积极性，邵宝玲按数量给员工发奖金。不仅如此，她自己还经常跟员工一起通宵加班。有时太累了就直接倒在车间睡着了。看到老板还来加班，大家都很感动，充满了干劲，以至于他们28个人生产的产品，达到了70个人生产的量，产值翻了不止一倍。

离开的员工听到这边工厂工资涨了，还有奖金拿，就托人打听。邵宝玲此时发话了：“从公司出去的人，只要是好的，我们一样要。”之后，很多员工怀着兴奋的心情陆陆续续地回来了。大概半个月左右，工厂又恢复了正常生产。

网络营销迎来箱包全盛时代

“2003年开始做电子商务，到现在50%都是来自电子商务这一块，我认为很不错。没想到听了这堂课之后，觉得根本不止做这一点，还可以做得更好。”

随着邵宝玲的箱包订单越来越多，2005~2007年这3年时间，工厂的产能达到了新的飞跃。越来越好的生意也为她带来了一个新问题。

因为流水线的迅速增加，箱包的堆放也从以前的一两层发展到五六层，最后连过道都放满了，安全隐患大。这时，邵宝玲意识到工厂不能保持现状了，要发展，急需扩大规模。

2008年，邵宝玲又投入1亿多元建造了新厂房，面积达到115亩。从此，她的工厂也进入了新的发展阶段，每年都以翻番的增长速度在发展。

2011年10月，邵宝玲的朋友建议她去听一堂网络营销课，这让她受益匪浅。邵宝玲的公司从2003年就开始做电子商务，是较早从事电子商务的企业，公司“有50%是电子商务做起来的”。一直以来她都认为，自己的电子商务做得已经比较成熟了，但就在这堂课上，邵宝玲发现她其实错过了一笔巨大的财富。现在网络非常丰富，有大大小小的市场，为什么不在其他的平台上做呢？公司4000多种产品却只有一个综合性的网站，没有进行产品的分类。其实可以按类分成 PC 箱、旅行箱、礼品、个性化定制等版头，再进行单独的网站推广，就很专业。而且她也意识到，要走进国际市场，公司网站不能仅仅是中英文的双语版本，更应该是与推广国家相匹配的多语言版本，如“在德国推广，就得建适合德国人的网站，在美国就建适合美国文化的网站，在阿拉伯就建适合阿拉伯民族的网站，只有这样，你才会吸引客人到你这里来”。同时，网站的托管服务器也必须与所在国家相匹配，因为不匹配，打开的速度很慢，“做生意的人最要紧的是速度快，网站一点进去，若 3 分钟都打不开，他马上关闭，这是很可惜的”。

认识到自己的不足，邵宝玲马上改进。

2011 年，邵宝玲在几个主要销售的国家设立服务器，建立网站，将公司的网站设立多国语言版。调整后，2012 年，邵宝玲的公司年销售量从 300 万只猛增到 400 万只。2012 年 11 月，邵宝玲更加大了对网络平台的投入，将中高层的团队及所有销售团队安排到网络营销推广课程中去学习。

邵宝玲，这个曾经遭遇坎坷的女子，终于浴火重生。

曾经，她是一位伟大的母亲；如今，她是义乌商海里赫赫有名的奇女子！

义乌市人力资源和社会保障局副局长张永民说：“作为一名女性创业者，邵宝玲克服了家庭的困难，她的付出比一般人更大，更多。在义乌市的箱包企业里，她绝对是领头羊。”

创业问答

记　者：您创业初期多大的把握？

邵宝玲：实际上一点把握都没有，只是有一点信心。我做任何一件事情，都是努力去做的，对自己要有信心，一定努力去做好。

凭什么敢干？做箱子是因为不陌生，没有想过有没有把握，只有做好它的想法。现在回过头来看，是头脑简单，盲目办厂。实际上办厂一定要市场调查，一定要自己有基础，才可行，不可以随便乱办，人们需求什么？能不能办？工艺可不可以？自己实力够不够？确定好才能。像我这样开始乱办厂，而结果很好是不多的。

记　者：您认为创业应该具备什么条件？

邵宝玲：首先是外界条件，要有市场氛围，这非常必要；再一个就是资金，没有实力你也没有办法创业，今天创好了，明天欠账了也很麻烦；再者就是技术，技术要过关；最后还要有团队。

记　者：创业除了赚钱，您还有哪些追求？

邵宝玲：我以前创业是为了自己，到了后面就完全不是了，更多的是为了员工，为了一种“家”的氛围。这个大家庭能够给员工一份事业，一种家的温暖，这是我感到非常荣幸的一件事情。我感觉自己又是妈妈又是老师。

公司成长的空间非常大，我们有两条成长路径，一条是属于管理型的，从底层开始，到主管到经理，总监或总经理，因为我们分公司多，随时有提升的空间；还有一级是技术级的，你可以按照技术的级别提升。

记　者：您认为创业者应具备什么素质？

邵宝玲：创业者首先要有文化修养，没有文化修养创业比较难。以前创业只要有闯劲就够了，但现在要有知识，能够与时俱进，要跟得上时代的步伐；再一个就是要有坚强的信念，要坚信自己可以，不要碰到一点问题就倒下，要想办法把事情做好。

多次转行　财富锁“羊”

在生活中，我们经常听到在一个行业里坚守数年的创业者，辛苦打拼出自己一片天的故事，浙江湖州的创业者项继忠却不走寻常路。

从退伍兵到“羊倌”，10年时间他从事了7个行业，而且在每个行业都搞得风生水起之时选择了转行，很多人说他是不甘寂寞的人。2007年，他突然看上一个当地特有的国家一级保护地方畜禽品种——湖羊。“恋”上湖羊后，“不甘寂寞”的项继忠选择了停留，他说，选择事业就是“在找对象，众里寻她千百回，最后发现这个行业才是我真正的归宿。”

是什么让他在从事的每个行业里都如鱼得水？是什么让他在每项事业做得辉煌时候选择了重新开始？又是什么让他最终在湖羊上停下了探寻创业的脚步？是独到的商业眼光，还是那颗不安分的心？走近项继忠，看看他的财富传奇。

刘杨　孙彦峰　文/图

湖州农民
大学生创业

穷人孩子当家早

“14 岁父亲去世之后，家里的主要经济来源就断了。我哥哥只能回乡务农，姐姐读到高中也放弃了学业，我比他们稍微多读了几年书。穷人的孩子早当家。”

和大多数创业者一样，项继忠没有雄厚的家庭背景。因为父亲是医生，他的童年比当时一般家庭的孩子可能稍幸福一些。而这所谓的幸福，也就是夏天能吃上一两个西瓜和五六支冰棍。

但所有的幸福，却在他 14 岁那年夏天戛然而止。

1982 年 6 月 6 日。“那天早上我刚起床，我爸爸说今天家里有客人来，叫我去买两块豆腐。买了豆腐，我刚走到半路，隔壁家大哥就跑来跟我说，你爸爸没了。我当时脑子一片空白，豆腐一扔就跑回了家。”待回到家，父亲已经倒在门板上，母亲昏过去了，姐姐哭成了泪人。年少的项继忠六神无主，只知道抱着家门边的柱子号啕大哭。

父亲的离世，让这个幸福的家庭从天堂一下子掉到了地狱。而项继忠的人生轨迹也随着父亲的离开发生了 180 度大转弯。“原本幸福的七口之家，只剩下了爷爷、奶奶、母亲和 20 岁的哥哥，17 岁的姐姐和 14 岁的自己”。由于父亲是独子，他们没有叔叔、伯伯可以提供救助，母亲又是不会干农活的城里人，家庭的重担自然压在了兄弟俩身上。为缓解家里经济压力，家里进行了“重组”，六口人分成两个家，爷爷、奶奶和哥哥组成一个家庭，妈妈、姐姐和他组成了一个家庭。从此，年少的项继忠开始当起了家。

14 岁时，他跟人卖冰棍；15 岁时，他利用暑假在建筑工地打零工。为了赚到每天 2.5 元钱的学费，他起早贪黑，做起成年人的活。拌砂浆、拌洋灰，肩挑背扛，一天下来手上、肩上都是泡。

如此多的苦难，对这个遭遇变故的孩子来说，都是一笔财富。项继忠父亲一直奉行“万般皆下品，唯有读书高”的道理，对子女的培养很在意。这让项继忠对儿时古文中的“天将降大任于斯人，必先苦其心志”有着超出同龄人的理解。在他眼里，一个人，只有经受过大磨难，才能经得起大风浪，磨难也是一种财富。

尽管项继忠去打零工补贴家用，但家里的主要开支还是靠舅舅接济。每月，浙江丽水的舅舅会寄来10元钱做他们一家的生活费。对他来说，每月最开心也最心酸的日子就是去邮电所领这10元钱。开心的是有钱了，心酸的是这钱得省着花。因为上个月超支，这10元钱还有部分要拿去还账。在如此艰难的境况下，母亲仍让他继续念书，一家三口苦苦支撑着，艰难地挺了过来。

部队生活的品行锤炼

“部队规定，今天的训练，必须今天完成，不能拖到明天。几年下来，自然成习惯了。我原来头发很长，退伍回来我的头发永远是这样子了，一长就觉得难受。而且早上我们一般在6点10分左右起床，准时到岗。养成习惯早起，也不会睡懒觉。”

1989年，项继忠高中毕业后被分配在当地一家企业，但此时恰遇部队征兵。

他知道部队是个大熔炉，可以锻炼人，也可以塑造人，可以让他更刚强。他清楚地意识到，这是一条成才之路，对自己很有好处。但此时姐姐婚期已定，待姐姐一出嫁，家里就只剩下母亲，而母亲患有胆结石，需要人照顾。就在项继忠犹豫不决之际，开明的母亲告诉他，“男儿志在四方，不要非得顾着家里的一亩三分地，男子汉应该走出去，走出去才有出息”。

在母亲的劝说下，项继忠去了南京军区服役，一待就是3年多。

在部队的生活让他学会了很多。他养成了守时的生活作风，在部队的严格规定下，今天安排的训练和工作，必须今天完成，不能拖到明天。几年下来，对时间的严格把控成了他的习惯。直到现在，尽管知道自己不用很早去厂里，但他每天早上依然是6点10分起床，准时到岗。再者，部队严格的军事化管理，让他做事有纪律，有条理。部队生活造就的优良品性与做事态度为他的创业创造了条件。

有高中文化的项继忠被安排到团里政治处工作。没有打印机，他就负责抄抄写写和做报道，很受领导赏识。如果没有意外，这个政治处唯一的一个兵或许会继续着他的军旅生涯。“我的目标是成为一个团级干部”，但现实总让人出乎意料。

1991 年，项继忠回家探亲，遇到母亲急性胆结石发作。医生告诉他，他母亲的胆结石是凝沙型的，不能做手术，只能保守治疗，让他密切关注母亲的睡姿，必须侧睡，一旦凝沙型的胆结石从胆管流出来，就必须马上就医。但此时，哥哥已搬出去另立门户，姐姐已出嫁，母亲身边没有一个人照料，他有了转业回家的打算，但母亲怎么也不同意，他只好作罢。回到部队不久，他就收到一封电报，“家母病亡，速回”。此事对他打击甚大，他从部队一路哭着回到家，才发现是电报输错一字，母亲没事，是干妈不幸离世。但此事也给他敲了警钟。如果是事实，那将会是他终生的遗憾。再次回到部队，项继忠向领导申请回家乡。

因为工作认真负责，领导驳回了他的申请。他只能再三向领导解释，最后政治部主任无奈地让他推荐人来接手工作，让他退伍。而他推荐的这个人，现在已是驻香港部队的政治委员。

谈起退伍，项继忠并不后悔。因为在他看来，“回到地方也一样，只要踏踏实实地把部队养成的好习惯带回来，也能够创一番事业”。事实正如他所言，回到家乡的他在多个行业中摸爬滚打，总是位居前列。

不甘落后的改革力量

“回来后地方政府给我安排了工作，是文化局下面的一个电影放映公司。后来我自己主动离职，认为这个工作不适合我。那时候离职，我承受了很大的阻力。家里人全部反对。你一个乡下出去的孩子能到城里，有稳定工作，还分配住房，就是农民变城里人了。那时候，我认为随着改革开放的深入，以后这些所谓的企业都要改革，国家不可能永远背着这样的包袱。”

1992 年初，从部队复员的项继忠，被安排在文化局下面的一家电影放映公司工作。这是当地最好的电影院，有 1000 多个座位，建造时还在当地引起了轰动。

电影院生意相当红火。他小时候去看《少林寺》，早晨6点从家里坐拖拉机出来，一直要等到下午4点才能买到电影票。而当时这家电影院还是全民所有制单位，属事业编制，相当于现在的公务员。能分到这么好的一份工作，项继忠很兴奋，雄心勃勃地想大展拳脚，干一番事业。可当他怀着一腔热情走上工作岗位时，却感觉“心里有点凉”。

在20世纪90年代，随着电视机从黑白变成彩色，录像机、闭路电视逐渐普及，去电影院的人越来越少，电影院显得有些日落西山。项继忠印象里最惨的一次是，1000多个座位的偌大影院，除了工作人员，就只有6个观众。如此冷清的生意，让项继忠有点心寒。好在他们的工资是由国家财政支出，不管有没有观众，每月都可以领到固定的141元工资，外加60元的夜班补贴。

作为一个才工作不久的小青年来讲，一个月201元的工资已经足够养活自己。但在如火如荼的国家改革浪潮中，项继忠却越发觉得，“工资虽有国家保底，但生意不景气，不改革不行”。

趁着一次讨论电影院工作思路的座谈会，项继忠把自己的想法和盘托出。他从电影院全局出发，建议电影院以后以放电影为主业，再做一些副业，甚至还可以“以副养主”。因为电影院空间大，没空调系统，冬天冷夏天热，会造成很大浪费。于是他提出把电影院改小，多出来的地方可以出租，还可以做一些台球、游戏机等娱乐项目。他畅所欲言地把意见提完，心里还乐呵了好一阵。不曾想，自己的一番“合理化意见”却遭到领导的一致反对。领导们认为电影院是先进文化的宣传阵地，不能把电影院搞小，搞副业更不是正道，是歪门邪道。这让24岁的项继忠心里很不是滋味。自己一个涉世不深的年轻人挖空心思提建议，就算提错了，也在情理之中。可到领导眼里，自己的想法却成了“歪门邪道”，还说他“小青年思想有问题”。这如一盆凉水泼在他心里，浇灭了他刚被点燃的热情。由此开始，项继忠觉得这个地方不适合自己。

作为沐浴在改革浪潮中的热血青年，项继忠清晰地认识到，电影院的问题其实是整个中国电影发行体制的问题。必须改革，国家不可能永远背企业的包袱。但他一人无能为力，若继续留在这样“死气沉沉”的大环境中，想要有所作为，很不现实。尽管他有想法，肯吃苦，但人家不让他干，甚至叫他不要有想法。于是，有着“该说的要说，该做的要做”性格的项继忠毅然提出了辞职。

放弃了工作，这让家人对项继忠颇有微词。回家当天母亲就骂了他一通。在母亲看来，他的工作是正式编制，稳定、体面，而且还分了房子。一旦离职，分的房子也要退回去，可他在农村已经没地没房了。母亲的担忧虽不无道理，但项继忠认准了自己在电影院不会有前途，面对家人的压力，他也只能硬抗着。

那离职后的项继忠从此开始一展抱负了吗？不，其实他过得并不好。

以前每月虽拿死工资，但不用担心吃饭问题。离职后，他发现就业困难，工作也不好找，很多单位都靠直接分配。没工作，生活就成了问题，常常吃了上顿没下顿，有时干脆一天就吃两顿饭。待了一段时间后，为解决温饱问题，他硬着头皮找到原来的老领导，凑了 6400 元钱买了辆三轮车，开始了蹬三轮车的日子。

三轮车拉出艳羡目标

“虽然工作不体面，过了一段时间之后心里也能接受。虽说那时候日子很苦，但我认为是勤劳致富，很充实。通过劳动，我能实现自己的目标。今天想多干一点我可以多干一点，不想做，少干一点也没关系。我能按照自己的思路、自己的想法做事，挣钱。”

辞掉电影院体面的工作来蹬三轮车，很多人说项继忠自找苦吃，而对反差如此大的两份工作，他自己一时也难以适应。

蹬三轮车是一个时时与人打交道的行当，与人讨价还价不说，还很累。更重要的是，市面上蹬三轮车的都是年纪不小的人，仅 24 岁年纪轻轻的项继忠，当过兵、读过书、入过党、见过世面，还跑去做这活，让人想不通。为避免遇到熟人面子上过不去，他戴了很大一顶草帽，差不多挡住了半个脸。蹬了一段时间后，他渐渐想通了，自己是通过劳动挣钱，是光荣的事，是勤劳致富，和体不体面没关系。

蹬三轮车，有两个极端——天气最热和最冷时生意最好。由于车无任何祛暑及保暖措施，导致夏天热，冬天冷。一到夏天，他全身长满痱子；而一到冬天，从来不长冻疮的双手肿得像两个馒头，一摁一个坑。再遇到雨雪天，就艰辛异常：雨天全身湿透，雪天寒冷路滑。但项继忠始终清楚地知道，高峰时停下来歇着可不是办法，只有咬牙坚持。

在一年雨夹雪的除夕夜，他的三轮车生意特别好。为赚得更多的钱，他来不及回家吃年夜饭，一直到晚上9点才收班。回到家，当他把大把大把的钞票从大衣口袋掏出来时，非常高兴，因为这一天赚了不少。但转念一想，别人家亲人都在一起团聚，而他却孤零零一人，连饭都还没吃，不禁又伤心落泪起来。有得有失的生活哲学在项继忠的创业历程中体现得淋漓尽致。他有过短暂的后悔，后悔丢掉铁饭碗，但更多的时候，他感到的是欣慰，他欣慰于自己能走出来，有自己施展的空间，生活也更充实。

有着部队经历的项继忠与一般的三轮车夫有很大区别，他对自己所做的事有着清晰的认识，有自己的思路与想法，他更为自己定下了“一天100元”的赚钱目标。之所以定下这样的目标，是他想在湖州市买一处自己的房子。

在当时的湖州市，拉一次人的报酬也就3～5元钱，要想一天挣100元，可不是轻松的事。为了完成自己的目标，项继忠放弃休息和娱乐时间，起早贪黑，早上很早出门做早市生意，晚上经常九十点回家，还时不时去做一些搬货的苦力活。在他记忆里，印象最深的就是帮人搬钢琴和食品。那年月，钢琴是一件稀罕物，要把钢琴搬上楼，可不容易。钢琴本身很沉，楼道又窄，还不能把钢琴表面的漆刮花了。虽然是好几个人一起搬，但对他来说仍吃不消。另一件事就是搬食品。大冬天，抱着从冷冻厂发出来的食品像抱着一块冰一样。但来来回回不断走，身上又发热，汗直流，“冰火两重天”的滋味让人很难受。为了每天100元的高薪收入，他咬着牙足足搬了一个月。

随着项继忠对三轮车市场了解的加深，他慢慢琢磨出一些规律和技巧。生意不好时，他不像其他司机等生意上门，他会主动去兜圈。早晨，上班、上学的人多，他会选择去小区门口；过了早高峰，他会选择去一些车站，因为这时进城办事的人，差不多正好到站；到了晚饭后六七点钟，他则在小区外停留，此时吃了饭外出的人多；而到了晚间九十点钟，则需要在歌厅、宾馆、大厦、电影院等门口守候那些在散场后回家的人……在项继忠看来，“什么事都不容易，但干什么事情都要自己去琢磨，找规律”，找到了方法，一切就变得容易多了。

靠着攒钱买房子的奔头，项继忠在三轮车行业一干就是两年。等他攒到一定钱后，湖州市开始推广出租车，此时的他很快意识到三轮车即将被淘汰，出租车才是未来的出路。而他的目标也逐渐由买房转向了买一辆出租车。

敢吃“螃蟹”走出新路子

“那时候大城市出租车已经很普及。我当兵时去过很多城市，发现人家的出租车早就普及了。我们湖州城市小，还没普及，但也是早晚的事情。政府推出出租车不会让老百姓没钱赚的，肯定让老百姓也能解决温饱问题。所以我认为要死也死在人家前面，做一个先吃螃蟹的人，我就买了第一批出租车。”

1994 年，湖州市政府为了提高城市形象，准备推出第一批出租车。每天市内的报纸、电视都在宣传 3 公里 5 元钱收费的出租车，还打出对外进行全面招标的广告。

即便宣传做得很大，却没有人买账。究其原因在于，湖州市区面积不大，所有人都习惯了三轮车。三轮车起步价 3 元，最多 5 元，出租车起步价 5 元，而且还要耗油，要养路费和其他各种费用，一旦买了出租车，都怕亏本没生意。

项继忠却不这么看，他很快敏锐地意识到，这“3 公里 5 元钱”就是和三轮车进行直接竞争的。湖州市全城最多 3 公里，如果出租车一上市，那对三轮车会是致命的打击。而且城市要发展，社会要新技术支撑，三轮车肯定是要被淘汰的。只能作为休闲旅游的工具而存在，出租车是必然的出行选择。此时，他开始更加拼命地赚钱，有时甚至半夜才收工，就是想多攒钱换 4 个轮子的出租车。

当很多人还在分析出租车的前景时，项继忠已经悄悄开始学车了。他先掏钱请了个驾驶员当师傅，然后学一天车，蹬一天三轮，有时候为了学车，三轮也不蹬了。等他学会驾车时，三轮车同行都还没反应过来。当大家还在揣摩“谁去买出租车，谁就倒霉”时，项继忠已经凑齐了买车的 10 万元。

这 10 万元，是项继忠多年来的积蓄和朋友借给他的钱的总和。这么多的钱，在当时也只能买一辆二手车。很多人都极力反对他借钱买车，担心他还不了。在所有钱凑齐的当晚，他把借来的钱（最大面值 10 元）一张张摆在 2 米宽的床上，摆了整整一床。到他家里来玩的朋友看到这个场面，还被吓住了，说他每月要负担养路费、油费、修理费，还要上缴 1000 多元，担心他背一身巨债，最后还不上。项继忠也被这么多钱震住了，看着这一床的钞票，心里暗想："这么多钱，换一辆车，最后还要一点一点挣回来，投下去说不定还没三轮车赚得多。"但他不能怕，多年外出的经历，让他深刻地意识到出租车是未来的趋势，"政府既然推出来肯定会考虑老百姓温饱问题，不会没钱赚，要做就做第一个吃螃蟹的人"。

当项继忠把车买回家，还发生了段小插曲。

虽然之前他悄悄学过驾驶，但学的是大车，出租车是小型车，性能和他学的东风、解放等大车不同。而且学了之后，他也没马上开车，还蹬了一段时间三轮凑钱。等车买回家了，他却不敢开，第一次开就撞上了桥墩，把他吓得够呛。为尽快适应出租车，他一点点地把车挪回山区老家，花了三四天时间，自己一个人沿着盘山公路开，直到自我感觉比较顺畅了，才把车开回城里做生意。

回城开张做生意了，项继忠也有心理准备，认为刚开始生意不会太好，毕竟人们有一个接受的过程。大部分人心里都认为，出租车是小轿车，是领导、老板坐的，一定贵得不得了。年龄稍大一点的人，还不敢把手伸出来拦车。对一切心中有数的项继忠掐着手指盘算着何时生意才见好，没想到两三个月后，生意就旺起来了。生意最好时，他夏利车仪表盘的凹槽上，顾客给的烟都像站岗一般，排了一长队。

开上出租车的项继忠生意虽然不错，但劳动强度也不小。和开三轮时一样，空车的时候，他仍然要出去兜圈子找生意。以前开三轮时，他羡慕出租车有空调，但当他开上出租后，一个人时却舍不得开空调。因为空调费油。

作为第一个吃出租车"螃蟹"的人，项继忠收获不小。从三轮车到出租车前后 4 年里，他不仅还清了 10 万元的欠款，还有了一定的积蓄，买了房并完成了娶妻生子的人生大事。

回头再看当初的选择，项继忠认为一切辛苦都值。生活在日益得到改善时，骨子里不安分的基因又激荡着他的心。出租车开了几年后他发现，还有更好的生意可以投入，那就是汽车修理厂。

独到眼光成就各行领头羊

“自己从当兵回来，到电影公司又出来蹬三轮车，后来做老板。一个服装厂，一个矿泉水公司，还有出租车经营收入。感觉自己一个农村孩子，小时候家庭那么困难，现在也能够自力更生，事业小有所成，有一点自我膨胀。那时候我的想法有点多，我又开始不安分了。”

每天在市区里兜兜转转拉客，项继忠很快发现市面上除了观光的三轮车，其他三轮车已绝迹了，而出租车的数量却多了起来。自己继续在出租车行业里摸爬滚打，面对的竞争会越来越激烈，与其等待市场的竞争，不如另想办法把生意做大。

由于开出租车多年，时常修车的缘故，他发现开车不如修车来钱。开车只能自己一个人开一辆，修车却可以雇人，做成企业。此时市场上跟出租车同型号的夏利私家车的数量也在增大。与朋友商议后，他们承包了湖州市军分区一个修理厂，建成夏利特约维修站。

之所以选择专门修夏利，一来是他本身开夏利，对车的各方面状况相对比较了解；二来当时出租车只有夏利，量多。虽然当时湖州有大众维修站，但没夏利维修站，特约维修站更是没有。

靠着独门经营，项继忠的夏利维修站生意不错，一直到1997年，国家下达政策不允许部队办修理厂。项继忠眼看着赚钱的行当被叫停了，心想又该如何再杀出一条路继续前行。

这时，他想到湖州市当时很多私家出租车，都以挂靠在别人单位的方式来进行运营。如果自己成立一家公司，建一个出租车之家，自己管理，岂不是很好。而恰巧，政府困于私家出租车的管理难度压力，也准备出台政策来简化管理。于是，以政府占51%股份，私人出租车占49%股份的出租车公司成立了。

出租车公司虽以项继忠为首，但公司不是他个人的，每辆车都占有股份，是一个“松散型”的集体。按他的说法，无非就是将一盘散沙聚合起来而已。公司成立后，他对人员、物资配备进行了完善，规范了管理。当一切走上正轨后，项继忠认为自己可以离开了，他认为，“这个行业里没有大的发展空间，哪怕我当总经理或董事长，我也是每天拿死工资，个人想发挥，也没有舞台。”渴求寻找自我发展舞台的项继忠，没有停留，选择了继续离开。

可没人想到，离开后的他，把自己的出租车租出去，揣着几年来积攒的积蓄，全身心投入到了另一个陌生行业——矿泉水。

从修理厂到矿泉水，项继忠择业的跨度很大，但他们都有一个共同点，就是时下新兴产业。

项继忠关注到矿泉水，还是从电视里看到事业单位、机关、家庭都喝桶装的矿泉水。凭着多年来对新兴产业的关注及把握，他很快反应出“这能卖钱”。他随即去山区老家考察，发现老家所在地的水干净清澈，矿物含量还很高。在对水源进行确认后，他又对市场进行走访调查，并对所需设备进行了一番了解。很快，他与哥哥拆掉老家房子，投入二十几万，兴建厂房并购入设备，开始生产矿泉水。由于水质佳，他们的矿泉水卖得很火，高峰时每天的生产量就达3500桶。

做了几年水厂，项继忠腰包渐渐鼓起来了。这时，他又有些不安分了，想要赚得更多。

此时，他发现随着中国加入世界贸易组织，外贸服装的加工订单开始涌入国内。而曾经的同学也为他带来消息，“只要有地方，有场地，有人员，有部分设备，就可以马上开工，不愁没活干”。项继忠思量着两兄弟都搞水厂的旺季就只有夏天几个月，大半年时间都有空闲，人员有些浪费，完全可以增加一个行当，做服装加工。

说做就做的项继忠很快在老家腾出厂房，开始了服装加工生意。他的服装加工生意做得很顺利，一年四季都有做不完的订单。慢慢地，他越做越大，开始搬新厂房，新设备，进技术、管理人员。眼看着服装加工厂越来越好时，项继忠又“折腾”起来了。

2007年，《劳动法》开始推行，对员工的福利待遇、加班费等进行了规定，项继忠意识到人力成本开始在上升。因为他们的订单不是第一手的订单，是从外贸公司转手过来的，自己没有定价权，受制于人。作为劳动密集型产业的服装行业，主要是靠廉价的劳动力。一旦优势没有了，必定走下坡路，早晚也是夕阳产业。

有一个服装厂、一个矿泉水公司、一个出租车外租业务的项继忠再次不安分了，他不顾哥哥的阻拦，自作主张转让出自己打理的服装厂，想重新谋划大展拳脚的新产业。

重回农村的财富发现

“我认为国家对农业扶持力度在逐年加大，农业会逐步地好起来。做农民不是没有前途，农业涉及国计民生。地里长出来的都是吃的，民以食为天。吃的东西一天都不能离开。虽然眼前有些产品的价格和价值不相等，但是我认为早晚有一天它的价值会回归的。所以当时我毅然决然把服装厂脱手，回到农村，回到生我的地方来。”

转出订单丰富的服装厂，一向偏爱做新兴产业的项继忠会从事怎样的产业？

让人大跌眼镜的是，他竟然选择重回农村。

这个见过世面，在各行业闯荡多年的创业高手，在事业有成时，为何会选择重回农村？原来，项继忠早就看到农业里蕴藏着不尽的财富。

他仔细琢磨过中央一号文件，发现历年都会提到农业问题。国家每年对农业的扶持力度也在加大，对农业补贴的力度不断增强，税收不断减免。再加上中国是农业大国，民以食为天，农业涉及国计民生，不可能消亡与没落。虽然农产品暂时价格与价值不等，但早晚有一天会回归到正常价值范围内。

确定着手农业，那具体做农业里的哪行呢？

不按常理出牌的项继忠再一次震惊了身边的人，他要做湖羊生意。

湖羊因产区在浙江、江苏间的太湖流域而得名，已有800多年的饲养历史。受到太平湖自然条件和人为选择的影响，湖羊逐渐成为稀有品种。

项继忠能一眼相中湖羊，也是大有原因。在他眼里，湖羊浑身是宝，肉可以吃，皮毛可以加工高档衣物，羊粪可以做有机肥……凭借多年做生意的老道眼光，他认为市场少而且前景好的东西可以做，市场饱和的东西，很多人都在做的行业，

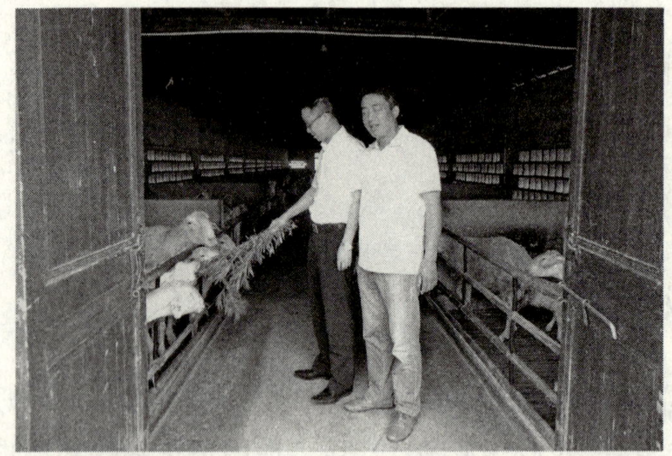
项继忠对羊有种特别的喜爱。

干净整洁的羊场。

羊圈内清一色的湖羊。

继续做下去出路不大。在当时，湖羊的品种在逐渐消失，更不要说规模化养殖。若在湖羊身上做文章，产业链会很长。但他也发现，现在养湖羊的人太少了。儿时养羊多的时候，到处一根杂草都没有，全割光了。现在，一出去，到处杂草丛生，车都不好走。

从理论上分析出湖羊身上的商机，也为弄清楚养羊的人为什么少了，做规模化养殖会不会有钱赚，项继忠开始了市场调研。他沿着太湖走了一圈，去江苏吴江、浙江嘉兴及湖州市内的3个县进行考察。他深知，做农业比较辛苦，尤其是做养殖。第一，饲料没有现成的，只有自己去弄，自己去组织；第二，防病及疫情的处理需要亲力亲为；第三，投入比较大，稍微上一点规模，就需要投入100万元左右。而且农业项目还有个共性，就是投入后产出的效益慢，至少要3～5年。有钱的老板看不上，一些农村有志青年想做，却又苦于没资金。走完一圈下来，项继忠更坚定了自己的投资方向。他发现湖羊供不应求，前途很光明，自己要做的就是做好长期投资准备，打一场持久战。

湖羊带来的一波多折

“你确定这条路了，最起码应该走出成绩来。你不能说万事开头难，你头还没开好就不弄了，那将一事无成。我感觉湖羊值得我这辈子当作事业来做。我今年44岁了，老换行也不行。这一行我下的工夫最大。重新背着书包上课堂，真正用了心思，花了精力。”

卖掉服装厂养湖羊，项继忠的决定让家人很难接受，为此一向支持他创业的母亲也和他闹起了矛盾。

在母亲看来，养殖是一个行当，是一条致富的门路，但不能作为一个男人的事业来发展。她辛辛苦苦把项继忠拉扯大，培养他走出去，最后他反倒回老家来搞养殖。而且当时家家户户已很少养湖羊了，他跑去养，明显是做生意的头脑落在了人家后面。

母亲坚决不同意项继忠规模化养湖羊，她明白其中的苦。曾经家里养过羊，不管刮风下雨，需要天天去割草，而且还怕染病。若规模化养殖，数量多，风险太大，太辛苦，她不想儿子再去吃这份苦。

为了打消项继忠养羊的念头，这位心疼儿子的母亲选择了离家出走。

为了照顾好母亲，项继忠把母亲接到城里和自己一起住。每天下午，母亲都会做好饭等他们一家回去吃。可在一天下午，项继忠回家发现锅是冷的，菜也没有准备，心里咯噔了一下，思量着或许母亲去不远的姐姐家或在路上耽搁了。他把饭做好，等妻子和儿子买菜回来后，仍不见母亲踪影。在妻子的提醒下，他们发现母亲的包和衣物都不见了。在项继忠一家三口急急忙忙准备发动亲戚找母亲时，平时和他母亲聊天的老太太告诉他，他母亲回老家去了。项继忠蓦然明白，母亲在生他的气。

为了缓和与母亲之间的矛盾，项继忠不敢和母亲硬顶，只得让妻子和儿子每周回一趟老家看望她，并旁敲侧击地劝解。如此过了一两个月，母亲最终才勉强同意他养羊。

母亲方面的问题得到了缓和，但令项继忠没预料到的状况又发生了。

为了找到合适建养羊场的土地，项继忠煞费苦心。他原本以为，看中一块地，用高于农户种植稻谷的价格租下来，肯定没问题，事实却恰恰相反。农户很讲旧情，对土地很看重，把地租出去就像把孩子送出去一样，若对租的人知根知底，用低于种地收入的价格也会租出去，不然用再高的价也未必会答应出租。再者实行土地联产承包责任制后，江南一带每家的土地比较分散，每块地的面积比较小，如一块10亩的区域，就可能涉及20户人家。这20户人家，需要一家家去做工作，若遇到一两家工作做不下来，那整块土地就泡汤了。为此，从2007年11月开始，项继忠就四处找合适的地，前后换了3个地方，整整花了半年时间，最终与所涉及的农户达成协议，才拿到现在厂子的地。

待项继忠把地拿下准备建羊场大展拳脚时，只有17万元现金在手上的他又开始为钱犯愁。一个羊舍的造价在5万元左右，还要购羊及其他支出，17万元的资金远远不够。正在这时，湖州市推出创业贷款，很快项继忠的湖羊项目通过审核，得到政府的10万元贷款支持。拿着这10万元贷款，项继忠计划着扩大规模，建两个像模像样的羊舍。

2008 年 7 月，羊厂的建造完工，万事俱备，只欠购入足够的湖羊。这时，项继忠才发现，湖羊没有想象中那样好找。他与员工沿着太湖一家一户到处找，找了几天后，发现很多农户没养羊了，有养的多半进行了杂交，要找纯种的湖羊如找古董一样难。而对纯种湖羊的鉴别，除了看书看照片外，就是跟人打听，以不至于他们把一头有黑斑的羊误认为纯种湖羊还浑然不知，而真正的纯种湖羊，全身一定是雪白的，没一根杂毛。“我感觉，越是偏僻、道路不通的地方，就有宝贝。我跟着那些羊贩子到处找羊，他们都是骑摩托车，我的小汽车有的地方开不进去，我就花了 2850 块钱买了辆摩托车，跟着他们到处去找。”五六个月后，经过努力，项继忠找到了 50 头母羊，8 头公羊，但 8 头公羊里真正算好的只有 1 头，其余都是预备。

从准备养羊到找羊，项继忠遇到了太多的不顺，但他没有放弃，按照他的性格，确定了一条路，一定要在这条路上走出成绩，弄出名堂才行。

独辟蹊径大发羊财

“要不断地学习，提高自己的养殖水平、管理水平。做一个行当你必须喜爱它，要学习、提高。我就是不断地提高自己的理论水平和实践水平，通过各种各样的培训、学习来提高自己，不断出去参观走访，人家的一些好方法、好思路都可以借鉴。”

为了养好好不容易收来的湖羊，项继忠亲自上阵，连割草都亲力亲为，磨了两手老茧。到 2009 年冬天，项继忠饲养的湖羊出栏 20 头。这 20 头羊，很快被当地办婚丧嫁娶酒席的人家买走，项继忠甚是高兴，虽然一共只赚了几千元钱，利润薄，却给了他做下去的信心。他开始打算，要想办法把利润做起来，必须扩大规模和种群，提高出栏率。

为了找到更多高品质的羊，项继忠四处奔波，在车上专门备了一个大盆，用来装羊。当他一听人说哪家有羊，就会放下手中的事跑过去，甚至有时空手而归也不在乎。而遇到他很想要的羊，人家不卖时，他就软磨硬泡，还找朋友帮忙去做工作。当然，他也不忘发动群众帮忙找羊，现在太湖流域各个村、镇都有帮他找羊的人，当他们听到信息，会第一时间打电话给他，他也会第一时间赶去看羊。他之所以有如此大的号召力，和他尽力帮人分不开。

自从养上湖羊，项继忠除了在羊舍，就是在各处学习。他把周末的时间都用在研究湖羊上，乐此不疲，还经常在网上与一些养殖专业户进行沟通，耐心帮人解答问题。而平时，若哪户人家的羊出问题解决不了，项继忠总是欣然前往，毫无保留地帮人解决问题，给羊打预防针，帮羊圈消毒等。正是由于平时真心待人，当他遇到找羊难的问题时，人家发现了好羊也会第一时间联系他。

慢慢地，项继忠的养羊场做出了规模，在当地也有了一定的知名度，慕名找上门来预定种羊或肉羊的人越来越多。到2012年年底，他的羊出栏达1000头，按每头1000元计算，市值高达100万元。但项继忠仍觉得自己羊厂的规模还不够大，他要销售一部分，留一部分做种羊，然后自繁自育，把羊厂的规模再次扩大。除了自己养羊，他还在当地发展养殖户，组织建立合作社。由合作社统一提供技术、种苗，再统一销售。

刚刚开始的时候，老百姓带着疑问的眼光在观望。几年下来，他们也看到项继忠的羊在不断地往外拉，也看到了其中的经济效益。于是，就有人开始跟他谈加入合作社的事情了。“由合作社统一提供技术、种苗，统一销售。他们就不用担心管理、防疫等事情，这些全部由我们合作社提供。饲料问题也由合作社统一采购，价格比他们还便宜。所以现在合作社的队伍越来越庞大。我的思路是以‘基地加农户’的模式，只要有一部分村民养起来，他的辐射作用会很大。慢慢带动更多老百姓去养。”

“我对这个行业的前途越来越乐观。比方说羊肠，我们为什么不能像猪肠一样加工成香肠。羊的小肠要比猪的长好几倍。对羊进行深加工，把它身上可以变废为宝的东西全部利用起来。比方说羊胎盘，我们作为废品处理掉。据我的一个做化妆品的朋友说，羊胎盘里面有羊胎素，可以提炼出来作为一种很好的美容用品。我现在的经济实力和技术水平，可能还做不到。随着我们公司实力的壮大，我认为这些生意都可以做。还有羊肉深加工，我们可以搞分割包装，进超市，还可以走高端客户。量不一定大，但是确保每一块肉都是最好的品质，价格肯定高，就卖给高端消费的客户。我要把整个产业链延伸，产业链延伸得越长，赚取的利润也就越高。还

毛色洁白的优质湖羊。

规模化，生态化的湖羊养殖基地。

有比如羊肉真空包装，可以做休闲食品。”项继忠对羊的未来，清晰地做出了自己的勾画。

“我现在决定不转行了，这个行业就是我终生的事业，因为我已经不年轻了。原来选择了很多行业，而且在各个行业里做得都不错，但是我最终认为那些行业不是我想终生从事的职业。这个行当让我找到了可以从事一辈子的工作。”项继忠这样说的，也是这样做的。“对湖羊，我从开始到现在所有的职业加起来，都没有对它投入的精力多。所有业余时间都泡在了上面。星期六、星期日到学校学习，晚饭之后上网查资料，跟网上一些养殖专业户沟通。他们会提很多问题，我会耐心地解答。真的挺忙，但是我感觉很充实。搞了这个行业，失眠症也没有了。有了好的心态，睡觉自然就改观。现在我是湖羊行业的老大，他们叫我羊司令，我明明姓项，他们叫我羊总。所以，我认为这个行业我能做得好。”

项继忠养羊，到现在已经是第 6 个年头了。朋友都说他从事行业基本上是四五年一个周期。以现在他对这个事业的专注，项继忠决定要“发羊财”。“我们湖州人过去讲多少钱，不讲几块钱，叫几个羊。5 块钱叫 5 只羊。说明羊在我们湖州日常生活中间的地位是相当高的。我现在真的是‘发羊财了’。”

创业问答

记　者：您当初选择这个项目创业时有多大的把握？

项继忠：我自认为当时有 50% 的把握，因为任何行业都有一半对一半。都可能有一半的机会是失败，有一半机会是成功，关键还要看你这个人是不是认真去做。你最起码要知道从事这个行业有哪些必备条件。养湖羊，你先要了解湖羊的行情怎么样，你要知道养湖羊难度有多大，种群是不是好找，它要投入多少资金，心中大概要有一个数。

记　者：您的创业心得是什么？

项继忠：简单说，第一个坚持就是胜利，第二个天道酬勤。自己不断地付出劳动，所谓的劳动就是脑力劳动和体力劳动，要花工夫、花精力。从事这个行业，你付出了坚持了，都能成功。

记　者：在创业过程中，您最后悔的事情是什么？

项继忠：我最后悔的事情，就是因为我从事这个行业，没有太多的精力去照顾母亲妻子，包括我的孩子。因为我在乡下，远离城市，远离我的家人，我把精力都放在羊身上了。我现在最担心的是母亲年龄再增长，有一天会不会子欲养而亲不在。现在想尽孝，但没有那么多时间和精力。也许这是我的一种借口，但我有那么多羊放在那里，如果不认真对待它们，我的事业就做不好。所以说这是一个矛盾。这个也是我以后工作中尽量要挽回和避免的事情。

记　者：在创业过程中，哪个特点最让您觉得痛恨？

项继忠：我这个人有时太自负，主观性太强，听不进人家的建议。其实我早就应该多走出去看看，多跟人家交流。三个臭皮匠还顶个诸葛亮，三人行必有我师。不要把自己看得太大，这是我致命的缺点。现在我也认识到了，也在不断改变。

记　者：您认为创业应该具备哪些条件？

项继忠：创业最主要的一个条件，是要有决心，第二个就是创新。从事创业任何一个方面，必须要做一些人无我有，人有我好，这样的行当。思路必须要创新。比如说，人家已经在开饭店了，你再去跟着开饭店，人家优势就很明显，人家开的时间长，各个方面都比你懂，你再去开不一定开过他，除非你有特色。如果人家开这个开那个，你跳出这个圈子，搞一个人家没搞过的，或者很少有人涉足的，或者你也搞这个，做出特色来，这就是创新。有了创新，才能把创业的事情做好。

记　者：创业除了赚钱之外，您还有哪些追求？

项继忠：实现自我的价值。人都有价值观，想保护我们当地国宝级的畜牧产品资源，再一个也想带动一部分人，让他们也挣一点钱。现在加入合作社的社员也不少了，我看他们也有效益。他们收入也一年比一年高，这个是我感觉比较欣慰的事情。

记　者：您认为创业者应该具备的素质？

项继忠：做任何事情都要有毅力，第二个要有创新的思维，还有避免主观性太强。多交流，要虚心，向人家学习。可能有一个老农民，你看他一个字也不认识，但是他可能就是某方面的专家，就是现成的教授。所以说一定要放下自己的身架，一定要好学，要向人家虚心请教。我们牧场这几个工人，虽然他们连自己的名字都不会写，但是有时候他们出的点子，是既实用又高效。主观性强是创业人的一个优点，但也是一个缺点。为什么创业？所谓创业就是你有胆量，有胆识的人往往很自负，主观性很强。主观性不强的话，人家一说不好，他就不敢干了。主观性强的人敢为天下先，敢第一个吃螃蟹，他就敢创新。但是反过来也是一把双刃剑，搞不好，你就陷入一个盲目、自负，那就会成为井底之蛙。

钱安华的“财富主义”

这是一个剑走偏锋的创业案例。说偏，不是因为他做的项目冷门，也不是因为他干了歪门邪道的事，而是他把员工当成了企业经营的重点，以此实现年销售收入近4亿元。如此离奇的创业经营思路，不得不让我们前去一探究竟。

赵心悦　张华君　文/图

热爱生活“秀梦想”

“有很多年轻人，他们逐步在我们这些活动的带动下，以积极向上的人生态度来对待他生活的方方面面，也就能够认真地对待工作。工作不再是简单的谋生手段，而是生活的一部分。他们会真心地热爱，会努力提高自己的工作水平。就像你看到的，有一些孩子方方面面都很能干。原来他并不是这样子的，而现在人变得漂亮了，工作能力也非常强了，人也变得更加有自信了。”

说这番话的人叫钱安华。记者见到他的时候，他正带领100多名员工赶往杭州，参加浙江卫视《中国梦想秀》的录制，表演叠人塔。他们中间最大的86岁，是钱安华的父亲，最小的4岁，是一个员工的孩子。

“叠人塔”是源自西班牙的传统特色民俗活动。在一次西班牙之行中，钱安华接触到了“叠人塔”的活动，他顿时就被吸引住了。钱安华认为这项活动传递的内涵能够为他的工厂带来源源不断的财富。叠人塔还可以带来财富？这恐怕连西班牙人都无法想得通其中的道理。但在钱安华眼里，这个活动就可以和经营联系起来。“参加这项活动的有亿万富翁，也有最普通、最贫穷的人，他们肩并肩，去共同实现一个梦想，我觉得这是真正体现了人类能够和谐共处的一种形式。”但再好的形式也得与经营挂钩才能产生效益。

为了在企业里推广这一活动，钱安华专门从西班牙请来教练。起初面对这一层一层的叠人塔，员工都不敢参与，为了打消大家的顾虑，钱安华居然把自己80多岁的父亲请来加入。看着老板如此认真，员工们渐渐克服了恐惧心理，也跟着教练不断挑战这种叠人塔的新高度。“每次做的时候人都比较多，假如基础做不好的话，上面的人就会不稳，这样大家都会倒下来。这个活动讲究的是凝聚力。大家心要想到一块去。大家的凝聚力强了，投入工作，做事情才会做得好。”听着员工讲这番话，钱安华觉得自己的良苦用心没有白费。

钱安华还自掏腰包，先后带着大家到西湖边、到长城上表演叠人塔，在2010

钱安华与员工参加《中国梦想秀》节目。

年上海世博会期间还两次受西班牙方面的邀请，在西班牙馆和巴塞罗那城市案例馆前表演叠人塔。2012 年 10 月，又花费数百万元，带着 166 人的队伍前往西班牙加泰罗尼亚地区交流访问。钱安华投入时间、经历和金钱，干的事情却似乎与生产工作毫不沾边，他究竟为了什么呢？“很明确地提出‘我们热爱生活’的口号，以这种态度来对待每位员工生活的方方面面，也就能够认真地对待生活和工作，工作不再是一种简单的谋生手段，而是员工生活的一部分，会真心地去热爱，努力地提高他们的生活水平。”

热爱生活，是钱安华在采访时最常挂在嘴边上的话，也被他视为财富秘诀。

这次，钱安华的人塔队伍叠出了 7 层 9 米的高度，在浙江卫视演播大厅里，他的梦想顺利晋级。

从外贸下海做内衣

“那些工厂的工人，管理是比较松散的。工人为了多赚钱，会随意调整工艺。按照工艺单的规定必须是1 公分10 针，他自己调整到5 针或6 针。码得很稀，机器跑得很快，他的质量就出问题了。有很多工厂，你要工人真心实意地维护你，就需要老板跟员工同心协力。其实很简单，老板如果能够真心实意地为员工着想，员工就会真心实意地为你着想。”

钱安华是浙江一家服装企业的负责人，浙江建德人，1984 年从华中科技大学毕业后，在杭州国营外贸进出口公司工作。多年的外贸工作让他积累了人生的第一桶金。1998 年，钱安华下海了。做什么？从外贸部门的一组当时中国出口企业名单当中，分析内衣企业在各地区所占比重的数据，开启了钱安华日后收获亿万财富的大门。“这份数据表现出大部分内衣加工厂都在广东，当时约占全国出口内衣企业的 65%，浙江只占到 4% 左右。从这里我就看到了一个商机，浙江也应该有自己的内衣加工厂。”到 2002 年，我国内衣和泳装生产企业 90% 以上集中在广东地区，钱安华所在的浙江省只有几家规模不大的内衣生产工厂，并不占优势。在调查中，钱安华发现当时广东地区生产的内衣款式大都属于大路货，他决定走一条与广东企业不一样的道路。一个大老爷们盯上了女人的内衣，要从女人身上赚钱，周围的很多朋友都感到诧异。从这些惊讶与略带嘲讽的语气中，钱安华读出的却是妒忌。

为了进一步熟悉行业，他没有先急着办厂加工，而是做代工。因为做了多年的外贸，对客源很熟悉，这是钱安华的优势。所以，一入商海，他直接奔着目标客户而去，从他们手中拿来订单。20 世纪 90 年代末，国内内衣行业市场一片大好，拿订单很容易。所以，钱安华的工作重点是找到合适的加工厂。通过前期的市场分析，了解到这种内衣加工厂大多数在广东。于是，钱安华直奔广东，找到了几家加工厂，把订单给了他们，委托生产。做中间商，把货从左手交到右手，就可以赚取丰厚的利润，生意做起来自然快活。但事实没有钱安华想的那样简单。

接下来的执行，让他大伤脑筋。这些加工厂规模都不小，大的有几千工人。但一进厂，钱安华总感觉到处都看不顺眼。一到厂里，他就给老板提建议，这个地方需要改善，那个地方需要调整。与老板交流之后，又发现很多问题，双方在对质量的看法、交货期等各种理念上的冲突，让钱安华觉得每次订单交出后都胆战心惊。有次，钱安华找到了东莞一家拥有3000多人的内衣公司，感觉实力比较雄厚，接单时，老板也保证说没问题。但在产品检验中，钱安华却发现他们工艺简陋，产品做得很不好。内衣对弹力的要求非常高，而他们还习惯于用手工调整的方式做，这样一是员工的劳动强度大，二是不易控制。钱安华已经了解到，国外有很多比较好的设备，就向老板建议可以使用电脑控制，这样既能减轻工人劳动负担，又能提高质量。对此，老板只是笑笑，说这个足够用了。刚开始打样时，钱安华要求看她的工厂，发现工人的生活条件等各方面都很差。当时，正值员工排队在食堂打饭，就是一碗饭，一碗汤，那个汤差不多跟清水一样。钱安华就跟老板说，工人条件这么差，他们的健康怎么能保障呢？老板说，工人吃饭是要钱的，他们不愿意掏钱，所以就只能够吃这个。钱安华顿时目瞪口呆，因为他完全无法理解这种想法。

最终钱安华从这家工厂撤走了。让他没有想到的是，似乎“天下乌鸦一般黑”。一个冬天，他又找到浙江的另外一家加工厂。冬天的浙江很冷，钱安华一进到工厂车间，竟然没有暖气或空调，工人们都穿着厚厚的棉衣在做一批看起来很光鲜亮丽的时装。一个很恶心的场景让钱安华至今记忆犹新，他亲眼看到工人因为感冒拿着布料擦鼻涕。钱安华当即就跟老板说，这个你怪不得工人，因为你没有给他们适合的工作条件，工人冻着了。

因为钱安华的客户比较高端，对产品的要求也相对很高，而这些工厂接触更多的是低端客户，对产品质量要求低。那些工厂对工人的管理比较松散，线上的工人为了多赚钱还会随意调整工艺，按照工艺单的规定必须是1公分10针，他们自己随意调整到5针或6针。

“其实我并不是想管别人的事，但是这些事影响到我的产品。类似这样的事情碰到很多。所以有时候跟他们谈论这些事情，感觉特别痛苦。说句难听点的话，他们自己家里有别墅、小车，其他地方的花销只要拿出来一点，都能让工人的生产状况好很多，但是他们不愿意。这是让我困惑的地方。”为了合格地完成自己的订单，钱安华不停地向这些公司说客户的要求，告诉他们做出好的产品需要工人真心诚意地配合，但似乎每次都收效不人，麻烦不断。

有一次，交给福建某厂的一批文胸胸杯订单做完后，产品发回来验货时钱安华发现钢圈不对。原来工人很简单地用钳子把钢圈剪短，再把它塞进去就完事了，这种做法在顾客使用后非常危险。于是，整个办公楼20几个人把全部产品一个个拆开，把钢丝一根根拔掉，再换成合格的钢圈。甚至还发动了一些员工的家属过来帮忙。

诸如此类的事情，一年下来总有30%～40%的单子会出现问题，这让钱安华非常头痛。虽然那时候的市场竞争不像现在这么激烈，市场上都说中国产品便宜，所以顾客接受起来还比较宽容，但这对钱安华来说，再也无法容忍了。

“在这些加工厂工人的脸上，我看到的是麻木，好像机器一样。”在钱安华看来，他们没有任何的尊严。而这种麻木肯定会影响工作，自然就会产生产品质量问题。面对钱安华的责问，老板们觉得是在故意刁难，所以他们的反应也和员工一样漠然。解决问题的最终办法是，自己开厂，建一个真正像“劳动者天堂”一样的厂。“让他们在‘天堂’里面快乐地工作，快乐地生活，每天都有笑容，每天都是在没有那么大的压力下生活，能够做回他们自己。工作给他们带来的应该是快乐，而不是麻烦。”

自开工厂遇矛盾

“在管理上，因为我想打造出一个比较好的工厂状态。比如说，规定厂区里不能抽烟，不能随地吐痰，工人要按时喝水等。员工觉得对他们的约束太多了，就有了很多冲突。工人的随意性强，非常难以管理。我坚持了一年多的时间，想把这个厂卖掉了，感觉有点灰心。”

因为对行业的了解，钱安华先在杭州租了一个工厂，准备先把自己的“劳动者天堂”工厂试验一下。第一，在整个厂区内装上空调，包括员工宿舍，厂区工作的地方，一年四季都要保持舒适的温度；第二，厂区内所有地方必须干净、整洁，让工人在这里工作的时候，心情愉悦，不像有些工厂像垃圾场一样；第三，必须给工人提供营养的伙食，让他们有足够的能量工作。“从一开始我就说，我看到那些不可理喻的东西，想要改变它。既然那些老板们说不能改善他们的伙食，是因为员工出不起钱，那我就提供给他们免费的伙食。”有这样的工作环境和经营者的关心照顾，这个小厂里100多人，大家都觉得工作起来很开心。一年多过后，效果很好。员工们生活有着落，工作积极性也很高，产品的质量也得到了很好的保障。自己的想法得到成功实施，给了钱安华极大的信心。他觉得，以这种模式，可以开始物色土地修建大厂房扩大生产规模了。

找了很多地方后，有人推荐了现在的地方——浙江德清。钱安华一来就相中了。“这个地方正是我想要的。当时里面有一片水田，天蓝蓝的，到处都是白鹭在飞。这不就是我在书上看到的那种世外桃源吗？我一定要到这里，打造梦想中的工厂，理想中的天堂。”

工厂很快建成，登出招工启事。开门没几天就来了七八百工人。前面一年多时间的成功经营经验，证明自己做高端内衣生产，市场差异化产品定位准确。钱安华恨不得立马甩开膀子大干一场。为了实现自己的“劳动者天堂”梦，钱安华在厂区的设计过程当中，投入了大量心血，一座花园式的厂房，让他很有成就感。然而，美好的愿望未必能如愿结出甜果，接下来的问题是钱安华所始料不及的，一次噩梦，让他险些卖掉了工厂。

这些来自全国各地的员工，也从别的工厂带来了很多恶习。树开花摘花，结果摘果。看了太多其他加工厂的员工生活环境和卫生习惯，钱安华决定从改造员工身上的问题开始做起。在管理上，为了打造一个好的工厂环境状态，规定厂区内不能抽烟，不能随地吐痰，工人要按时去喝水等这些细节的条例都制定了出来。对喝水，钱安华认为，水是人最需要的东西，现在的年轻人都不太重视，就会造成肌体问题。但这些处处为员工着想的规定，让随性惯了的员工觉得对他们的约束太多了，很抵触。反而想方设法钻工厂的空子，以满足自己的随意性。

工人随意地跑出去，跑到外面去喝酒，深更半夜不回来，第二天醉醺醺地上班，这种情况时有发生。本来漂漂亮亮的宿舍和厂区墙上，甚至天花板上也有了脚印。最最严重的是粮食浪费。食堂一天三餐提供免费的伙食，有荤有素有汤有水，随便打，随便吃。每餐一完，旁边养猪户来收剩菜剩饭，七八个桶都是满满的。员工的随意浪费，让钱安华很寒心。

为了杜绝浪费，钱安华甚至每天站在打饭窗口、倒桶旁边监督。在他站的时候情况会好一点，他一不在，情况又会变遭。尤其恶劣的是，有次一个工人当着他的面往桶里倒。当即，钱安华就问他，为什么要浪费？你是农村来的孩子，爹妈也是农民，应该知道这些粮食生产出来不容易，怎么这么浪费呢？工人说饭菜不好吃。当时食堂设定的伙食标准，每人大概 4 块多，月工资才 1500 元，这种伙食标准应该不低。如果员工身体不好，还有专门的窗口，申请病号饭，还为那些有不同宗教信仰的员工提供食品。为了将心比心，钱安华也跟员工一块吃食堂。觉得很好吃，很香，有员工说，你是什么人？吃石头也香。他们认为钱安华是在作秀。

各种宣传，贴标语，所有计策都用上了，效果仍然不明显。见软的不行就来硬的，钱安华开除了一部分员工。哪怕他再有技术，不服从工厂的管理就开除。但这种硬的措施也未见成效。

员工和钱安华玩起了猫捉老鼠的游戏。越施压，越抵触；越抵触，越高压。一切都没有改善，员工们该怎么样还是怎么样，该捣乱还是捣乱，天花板上的脚印照样有，厕所里面乱涂乱画照样有，产品质量照样上不去。

钱安华的一厢情愿，不但没有实现他想要建成“劳动者天堂”的目的，也没有给他的工厂提升多少效率。这一年，因为订单不能如期交货，钱安华赔偿了近千万元的违约款，他陷入了深深的困惑中。周围的工厂老板都觉得钱安华这个工厂有点不正常。车间后面全是空调，工人 365 天免费吃住，这是不懂行的人在干事。

“我觉得并不应该怪罪这些员工，因为当时的社会环境就是这样。在他们眼里老板就是黑心，哪里有好老板？就是要按照马克思学说，榨取我们的剩余价值，是永远跟我对立的，我怎么可能跟你不对立呢？阶级斗争的观念还是很强的。”

此时，钱安华已经陆续投入了 5000 万元。再这样下去，有可能面临资金链断裂。2006 年初，彻底灰心了的钱安华做出一个艰难的决定，在媒体上登出卖厂广告。但就在准备签订转让合同的时候，他变卦了。

做内衣生意的 2 年多时间里，钱安华从意大利聘请了设计总监，将时装的时尚元素融入内衣设计。再凭借多年外贸工作积累的人脉和出众的英语口语，钱安华的产品一直受到欧美客户的青睐。如果仅仅是因为工人管理问题就放弃，钱安华不甘心，他认真反思自己身上的问题。“后来我也在总结，为什么前面我没有成果。是我自己的心太浮躁了，我想一蹴而就，我想我给了他们什么，他们马上就给我回报，这不对。”

初尝爱心公司甜头

“因为我发现所有的东西都是因为缺乏热爱造成的，包括我自己也一样。我跟员工在一起的时候，跟他们谈论，了解他们的想法。某一项事情做得不好，什么原因？ 是因为你缺乏对它的热爱。我当时在想，我为什么能够热衷于诗词这些东西，因为我从小对它热爱。我能不能把这份热爱放入更广泛的内容呢？ 让它涉及生活的方方面面。于是所有问题就变成了怎样对待生活的态度问题。所以，我很明确提出我们‘热爱生活’这个口号。”

几百人的工厂，员工工资也不低，自然会产生一定的消费。于是，一些小摊小贩蜂拥过来，卖一些廉价的食品、消费品。这样，厂区外面就很快垃圾遍地，非常脏乱。这种环境让钱安华不能容忍。而且这些小摊贩卖的东西，都是来源不清的商品，如果员工吃了这些不干不净的东西，身体受伤害，最终受害的还是工厂。钱安华把公司后勤管理部门负责人找来商量，“能不能我们自己提供小卖部，搞夜宵。用很便宜的价格把这些小摊贩挤出去，让这些人没办法赚到钱，自然而然地我们就能够把这个环境搞好”。具体措施很快出台，公司把钱补贴给后勤部门，如果外面摊贩卖 1 块钱，公司就卖 5 毛，外面卖 5 毛的，公司就卖 2 毛。这样，没有恶性严格要求，人性化地阻击了外来影响对员工和工作环境的污染。

“员工有这样的需求是非常正常的。硬性地不让员工满足他们这些需要，这是不合理的。我们只能够加强自身管理。比如说这个小店，其实是由门卫房跟仓库改建的，我们整个重新装修，变成一个小卖部，提供一些廉价的物品，价格比较合适地卖给员工。通过这样的思路，食堂在每天晚上提供便宜的夜宵，品种满足了员工的喜好。很快就把混乱的局面扭转过来了。”初战告捷，钱安华感到很有成就感。

纺织生产线上，员工有条不紊地工作。

风景优美的企业厂区『桃花庄』。

员工们积极参加文娱节目。

钱安华为了更深入地了解员工，专门找了很多员工进行多方面的交流。“发现自己做得很不够。他们很多人的需求和愿望不是简单说给他吃好、好的工作环境、好的宿舍就能解决的，还应该有业余生活。需要上网，需要 KTV……他们大多数是年轻人，20 多岁，精力充沛，工作之余要有一些爱好，也必须要满足。”这类似干部下访的行动，让钱安华很有收获。通过了解，发现有相当多的员工在赌博。因为他们晚上没事情干，就坐在一起打扑克，后来变成了赌钱。或者晚上跑出去喝酒，喝得醉醺醺的，后半夜回厂来砸厂门。针对这些情况，钱安华在公司里又开展了一些简单易行的文体活动。通过这些活动，让他们的业余生活更加丰富多彩，又给他们宿舍里面装上电视机。

2007 年，为了让员工真正感受到精彩又有专业水平的演唱，钱安华出资邀请韩红这类大明星过来跟工厂的员工一起玩。但是他发现这还是不能解决问题。明星来也就是热闹一阵子，明星一走，又都凉了，并没有给员工心中留下深刻印象。他们只觉得我面对面地看过韩红了，听她唱过歌了而已。于是，问题来了解决问题，钱安华就要求员工们每个月或者几个月，以车间、班组为单位搞一些业余文化活动。“发现其中有一些员工虽然舞跳得不一定很好，歌也唱得不一定很好，但是他挺喜欢，很陶醉”。钱安华请一些专业老师来提高他们的能力，让他们的舞跳得稍微像样一点。就这样在公司里各种不同俱乐部的雏形就出来了。2009 年年底，公司就正式成立了歌舞团，还组建了自己的乐队等各个俱乐部，每天利用晚上休息的时间免费教员工练习。

在多次和员工的交流和讨论过程中，钱安华发现，一件事做不好，是因为缺乏对它的热爱。“我为什么能够热衷于诗词这些东西，因为从小就热爱它。我能不能把这份热爱大而化之，放到更广泛的内容上去呢？涉及生活的方方面面。说到底，所有问题的关键就是热爱生活，对待生活的态度，包括原来说的建造‘劳动者天堂’，归根到底都是为了热爱生活。所以在员工中我就开始提出‘我们热爱生活’这个口号。”钱安华把自己对员工所做的事，再提炼升华，找到问题的核心，实现员工的梦想，也是在实现自己的梦想。“我原来只是提出一个很空洞的口号，我们要打造一个‘劳动者的天堂’。它的实质，其实我觉得当时还没有想清楚，只是跟原来我碰到的那些老板比，给员工们提供好的食宿，提供好的工作环境，这就应该是天堂了。通过这段时间跟工人交流，我觉得还有更深层次的内容，天堂应该是人内心当中的那个天堂。”

经过钱安华一步步的思想引领，很多年轻员工在这些活动带动下，逐步以积极的态度来对待他生活的方方面面，也就能够认真地对待工作。这个时候，工作就不再是简单的谋生工具或者手段了，而是他生活的一部分。他们会真心的热爱，努力提高自己的工作水平。“正如你这两天看到的，有一些孩子方方面面都很能干，原来他并不是这样子的，而现在人变得漂亮了，工作能力也非常强了，人也变得更加有自信了。”钱安华对员工的这种文化管理，也渐渐有了自己的体会和感受。遇到任何员工问题，他基本上都能见招拆招，迎刃而解了。

“说到自信，我还有一个很感触的故事。有很多工人，你怎么跟他讲他都不说话，他心里没话吗？其实他有很多话，他就是不说。后来我发现原因是他缺乏自信，他不敢把他自己的意见表达出来，这也是我们管理工作的一个大忌。你有什么问题，必须要表达，把意见、思想传达出来。因为相当一部分员工是从农村来的，从小经受过很多挫折，使他对自己没有信心，他甚至对自己说过的每一句话都没有信心。像这样的人，一般来讲是很难指望他能够有工作热情的。我想在这方面有所突破，要让他树立自信，怎么办？就是让他能够有一技之长，使他自己觉得我跟其他人是一样有潜力的。我总是对他们说，每个人的潜力是无穷大的，就看你怎么挖掘。成立俱乐部，搞各种活动也就是培养有这方面缺点的员工，我们这里有几个舞蹈演员，原来真是你怎么说他都不说话，但是现在变得很活跃了。”俗话说，人上一百，形形色色。正视每一位员工的缺点，不抛弃不放弃，让他们真正为我所用，为社会所用，钱安华的方式如父辈般充满了无限的爱意。

为了让这些很多从偏远乡村、因家庭生活所迫来打工的员工们真正感到受尊重，钱安华还花钱请专业的舞蹈老师来给员工们上课。“这些老师开始到这里来，觉得跟别的公司一样，应付一下简单的任务就完了，并不是很上心。一来简单地排一下舞就结束，我不断跟他们说要从员工们的基本功练起。经过一段时间以后，老师的思想改变了，跟我们一起，真正感受到我们公司文化的魅力，确实是真心实意在打造我们自己的企业文化。现在你看我们这些老师，个个神采飞扬。”

和老师一样，员工开始也并不是很积极。“大多数人看热闹，围观。在里面我

钱安华带领员工远赴西班牙交流“叠人塔”。

是最积极的，我觉得必须以身作则带领他们。但是几节课下来，教室里就没什么人了。我花那么多钱请了老师，居然没人参与！我后来一想，就给能够坚持下来的员工发补贴，让他们得到物质上的鼓励，让他们更持久一些。通过这样方方面面的努力，慢慢地人就越来越多了。”要做成一件事，连偌大的一个公司都能经营应对，更何况这些来自农村的年轻人了。钱安华把他们往既定的轨道上引导、推动。“公司高层担心我们员工会因为业余活动丰富，分散注意力，工作会不用心。但事实证明，在工作中最积极、最用心的恰恰是相当多的文艺骨干，他们也都是车间里面的工作能手，有很多被评为先进工作积极分子。”

对于学跳舞，钱安华思考了很多。刚开始员工不接受，是因为这些需要潜移默化，慢慢去改变。要改变一个人的思想终究是不容易的。“我总是跟他们说，这个工厂能够给予你们的最大财富就是希望给你们一颗强大的心，使你们有自信，在将来面对你们自己的生活时，会变得更有信心。这个财富，无论到世界的哪一个角落你都会受用无穷。”

对于增强员工自信，钱安华一直不停地在推动。成立俱乐部，组织俱乐部成员参加各种各样的表演，外出表演，内部表演，给他们在大众面前表演展示的机会，还组织了跟齐秦同台表演，这种经历对增强员工们的自信非常有好处。能跟大明星同台表演，他们会很有成就感，慢慢地建立起了他们的信心。

“通过这些活动，我自己也在变化。我当时参与大多数俱乐部活动，出于一个带动作用。我想通过自己的身体力行，让更多的员工参与进来。而且在这些活动中我发现自己并不老，所以我更积极地投入了。比如，对我的形体、身体各方面都有非常大的好处，体重也减少了 15 公斤，原来肥胖的体形现在变得很有型。而且个人的修养、精神气质都要比原来好很多，甚至有人评价比原来还年轻了，我觉得都是从这里得到的好处。”这真是与人方便，自己方便。钱安华在成就员工的同时，让公司整体面貌得到了极大提升，同时，也让自己的精神面貌得以焕然一新。一举三得，钱安华真是抓住了经营的关键点。

如今，钱安华的 1500 多名工人都真正地把这里当成了自己的家。“感觉在这里做得特别开心。我在这里已经接近 7 年了，从来没有想过往别的厂子里去跳。”“我们的工资又不比别的厂少，条件还比人家好。我来这个厂好几年了，我儿子、儿媳、老公都在这里，不好我能把他们都拉过来吗?”

2008年，在金融危机的影响下，纺织出口订单下滑，再加上我国用工荒问题凸显，很多纺织企业举步维艰，但钱安华没有受到丝毫影响。“现在外贸就怕工人不稳定。单子接了，按照1000个工人接的单子，交货期快到了，或者是做到一半的时候，工人走掉了1/3，那你的货就交不出来了。”“工人队伍稳定，就是你产品质量的稳定，订单扔在这里比较放心，不会出错。”

金融危机后，钱安华的年产值每年都在以近20%的速度增长，2011年销售额4亿多元。钱安华自豪地告诉记者，今年他在保增长的情况下，员工工资提高了17%，但企业成本却在下降，这一切离不开他不断向员工所传递的精神。“‘热爱生活’这4个字为我创造了财富，现在我努力向身边的人宣传，所有的东西没有爱都是浮云。”

创业问答

记　者：您觉得创业一般有多大把握就可以去做?

钱安华：我觉得创业还是要慎重，起码得有70%～80%的把握才能去做，这是我个人的想法。在做一些决定的时候，我还是比较审慎的。

记　者：您的创业心得是什么?

钱安华：我觉得应该要搞清价值。事情要往远处看，要看长久。套一句中国的古话，好有好报，恶有恶报，不是不报，时候未到。孔子说：“君子喻于义，小人喻于利。”在创业的过程当中，你会碰到各种各样的诱惑，一定要搞清楚价值，对你来说话，个人也好，对周围的人也好，对社会也好，哪些有价值的，哪些毫无价值。有些价值不单单是一个数字，它代表你的社会责任，代表个人修养，给社会留下什么痕迹。

不能太看重眼前利益，甚至也不能太看重个人的经济利益。我看到有太多这样的现象，他起来很快，但是败得也太快，这就是他的价值取向出了问题。要看长远。

记　者：是不是说您以前比较关注短时利益，现在更愿意从长远看利弊?

钱安华：对，你要判断正价值还是负价值，不是说这个数字对你来说很有利，很多数字可能是有害的，比如说有一些人喜欢投机。我就有一些朋友，原来做实业，虽然做得很辛苦，应该说还是有些成绩。这个成绩，一方面是经济上的成绩，另一个方面是事业上的成绩，社会贡献等。如果他做某些投机的事情获得一些成功，慢慢就会偏移，不愿意做实业，因为投机来钱来得更快，还更加自由，可以不用承担那么大的压力。那种投机的成功对他是有害的。我有一些朋友就是这样。好好的工厂他不要了，专门去做投机生意。他可能目前状况还不错，但是我觉得这个没有价值。有一些人积累一定财富以后，喜欢去赌博，也许饭桌上刚开始几把牌赌得挺不错，一旦沉迷进去，鲜有能够活下来的，基本上到最后都是死路一条。当你做一些事情的时候，都应该考虑它的价值到底是真实的还是虚假的。再比如说有一些朋友在做投机生意的时候，过分考虑自身的利益，那么他做的一些投资的项目会造成对社会的危害。这种情况下，可能他当时通过各种各样的渠道和手段能够摆平、解决这些矛盾，可能发展得更好，甚至地方保护他，但是一旦矛盾爆发，他可能会被抛弃。这种例子很多，所以在我们选择投资项目，选择事业，选择发展时，一定要搞清楚。从儒家理念来说，你要搞清楚什么是正价值，什么是负价值。

记　者：在创业过程中您最后悔的事情？

钱安华：我没有最后悔的事情。如果非要说有的话，创业的初期可能过于固执了，把自己的梦想强加在别人的身上，没有更早倾听别人的声音。我觉得画的图比较美好，就按照自己的路线去下走，没有更多地去听听别人的声音，这个可能是我比较后悔的事情。

记　者：为什么后悔？

钱安华：我觉得如果更早地听别人的话，可能不会碰到那么多麻烦，有些方面可能做得更好。讲个简单的例子，我们当时的厂房设计，我就没有考虑周全，按照我自己的思路来做，造成一些空间的浪费，还有我们宿舍楼当时的设计也没有考虑很多专业用途，到后期不得不把原来造好的宿舍楼重新拆掉，重建，造成一些损失。

记　者：在创业过程中，您自己的哪个特点让你觉得最痛恨？

钱安华：固执吧。从这方面来讲，一方面我的成功得益于我的固执，但是另一方面来说，因为我的固执也闯了不少祸，当然这个祸不是说致命，但是确实有时候让我不堪。

记　者：您做了什么？

钱安华：比如早期的时候，我们一开始规定整个厂区内外不准抽烟，其实也是很小的事情，很多人跟我说，钱总，大家都不是跟你一样的人，你能够在很短的时间内戒烟，别人不一定能做得到。我原来抽烟抽得很狠，一天要抽2包，但是我说戒就戒了。我认为我能做到的事情，别人应该也能做得到。我非常固执，坚持了很长时间，我说不准抽烟就不准抽烟，厂内厂外都不准抽烟。要求所有人戒烟。烟对你身体不好，对我们环境造成安全隐患。我不断给抽烟的人做工作，跟他谈，甚至有的时候强制命令不允许抽烟，但是一段时间发现这个确实行不通，只能够采取一些变通方式。

记　者：为什么说成功离不开固执，固执跟执着有区别吗？

钱安华：我觉得固执和执着很难把它分得清，但是它是有区别的。固执就是哪怕你发现自己是错的，也坚持下去，就是固执。执着是针对某事你坚持下去，在过程中你发现一些小错误、小毛病时，你可以去改变他，但你的方向不变。我的固执，就是发现错了，还坚持自己的毛病。我现在好多了，愿意去倾听各种不同的声音。

记　者：您认为创业应该具备哪些条件？

钱安华：创业我觉得也没有太多的条件，首先要认清自己的价值观，否则就会迷惘，无法坚持，甚至走入弯路。其次必须要有好的身体，创业是一个非常艰巨的任务，身体健康要自己去维护，这是你创业的必备条件。当你身体垮了，不仅你的事业无法进行下去，也是对所有跟随你的人和相信你的人不负责任。我说的健康一个是身体的健康，另外是心理的健康。

记　者：您创业除了赚钱以外还有哪些追求？

钱安华：我一直梦想实现古代文人雅士描绘的美好场景，希望为此做些自己力所能及的事情并希望它完美，这也是我创业的主要目标。在我的眼里最大的价值就是实现好像不可能完成的那种美丽。我们要恢复一些传统的美好艺术形式。我一直认为中国几千历史上所积淀下来的美好艺术形式，被抛弃了非常可惜。我指的就是诗歌类的东西，我们现在越来越多地学西方人去唱、去写又臭又长的文字，而我们民族精华的东西没有人去关注，没人去学习。民族的东西才是你自己真正的东西，才是在这个世界上能够唤起共鸣的东西。